人《ひと》をあるく

北条氏五代と小田原城

山口 博

吉川弘文館

『北条氏五代と小田原城』

目次

初代宗瑞が拠点とした韮山城

北条氏綱　早雲寺蔵

鉢形城

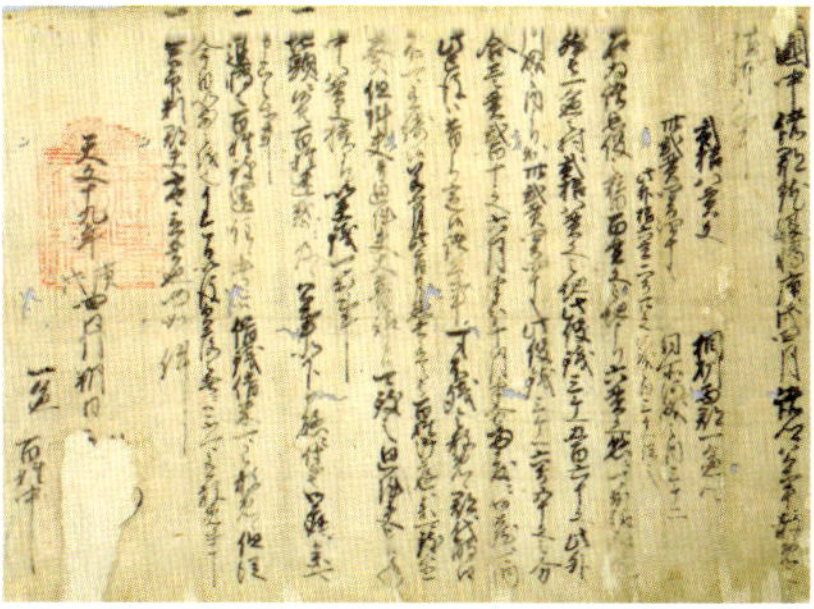
税制改革を伝える虎印判状　小田原市立図書館蔵

Ⅱ　領国支配の展開と城郭

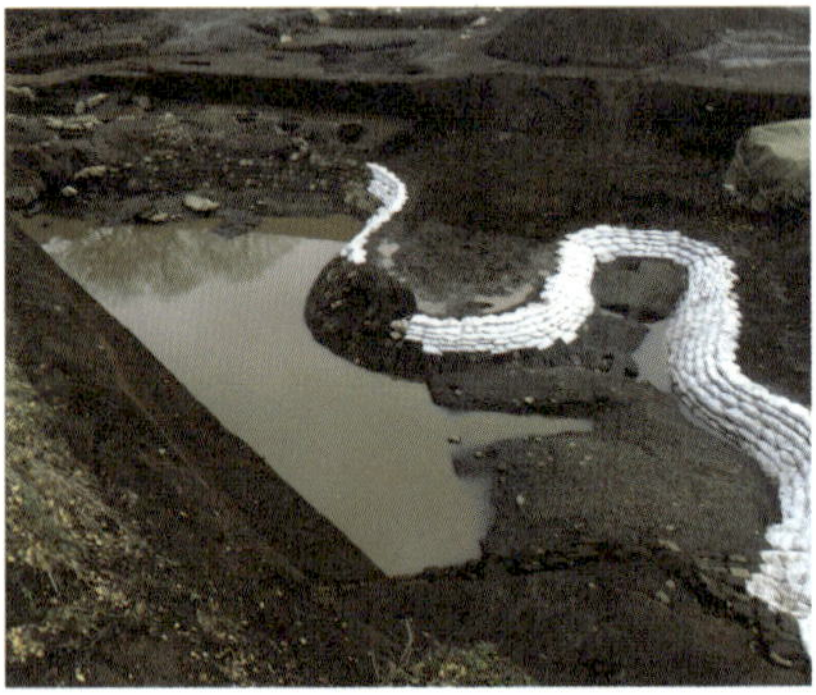

御用米曲輪　同右保管

小田原城　小田原市教育委員会保管

北条氏直　早雲寺蔵

石垣山一夜城　同右保管

松原神社

関東の覇者北条氏

戦国大名北条氏　北条氏（元来は伊勢氏）は、奥羽の伊達、北陸の上杉、中部の武田、東海の今川・徳川、中国の毛利、九州の大友・島津、四国の長宗我部《ちょうそかべ》らの諸氏と並ぶ屈指の戦国大名である。

明応年間（一四九二〜一五〇一）、初代宗瑞《そうずい》は、伊豆韮山《にらやま》城（静岡県伊豆の国市）に拠点を据え、伊豆・相模などを平定した。次いで二代氏綱《うじつな》は、相模小田原城（神奈川県小田原市）に本拠を移し、以後、三代氏康《うじやす》・四代氏政《うじまさ》・五代氏直《うじなお》と、ひたすら関東八か国の領国化に向けて邁進する。西方に険難な箱根山を控える小田原は、その拠点にふさわしい立地といえた。

そして氏直の時代、北条氏の領国は、伊豆・相模から武蔵、下総・上野のほぼ全域、下野の西半部、上総の北部、常陸の南縁部にまで達し、念願の関東制覇は、いよいよ目前に迫る。だが天正一八年（一五九〇）七月、強大な中央政権を樹立した豊臣秀吉《とよとみひでよし》*に屈服し、夢は露と消えた。

本書では、約一世紀にわたる関東の戦国史において、主役ともいえる地位を占めた北条氏の歴代当主五代の事績とともに、二代氏綱以降、その本拠地として戦国最

＊ 豊臣秀吉　一五三七〜九八。関白・太政大臣。木下弥右衛門の子。母は仲（天端院）。苗字は羽柴。天正一四年一二月に豊臣の姓を下賜。関白在職は天正一三〜一九年。

初代宗瑞が拠点とした韮山城

大級とも評される規模に拡大した小田原城の発展の歩みなどをたどる。

北条五代の顔ぶれ

まずは、五代のプロフィールを概観しておこう。

初代は、かねて「北条早雲《そううん》」の異名で知られる宗瑞。苗字は伊勢、実名は盛時《もりとき》、仮名は新九郎《しんくろう》。また明応四年（一四九五）二月以前に出家して早雲庵宗瑞と称し、永正五年（一五〇八）一一月には大徳寺の東渓宗牧《とうけいそうぼく》*から天岳《てんがく》（天山とも）の道号を得た。

父は将軍足利義政《あしかがよしまさ》*の申次《もうしつぎ》*などを務めた伊勢盛定《もりさだ》*、母は幕府の政所執事《まんどころしつじ》伊勢貞《さだ》国《くに》*の娘。子年に生まれ永正一六年八月一五日に八八歳で死去したと伝えられることから、生年は、永享四年（一四三二）壬子《みずのえね》とされてきたが、近年では康正二年（一四五六）丙子《ひのえね》とする見方が有力だ。この場合、没年齢は六四となる。

文明一五年（一四八三）以降、将軍足利義尚《よしひさ》*の申次などに加えられ、長享元年（一四八七）頃からは駿河の守護今川氏親《いまがわうじちか》*を後見、明応二年には伊豆に侵攻し、やがて韮山城に入り自立した。妻は幕府奉公衆《ほうこうしゅう》小笠原政清《まさきよ》*の娘*。後室または側室として善修寺殿*、駿河の国衆《くにしゅう》葛山《かずらやま》氏の娘*が知られている。

---

* 東渓宗牧　一四五四〜一五一七。大徳寺七二世。永正二年大徳寺に出世、後柏原天皇より仏恵大円禅師の諡号を受ける。宗瑞と同じく春浦宗熈に師事。
* 足利義政　一四三六〜九〇。八代将軍。六代将軍義教の子。初名義成。将軍在位は宝徳元〜文明五年。
* 申次　将軍への取次役。
* 伊勢盛定　?〜一四七四?。盛綱の子。京都伊勢氏の同族で備中荏原荘（岡山県井原市）を本拠とした備中伊勢氏に属す。
* 伊勢貞国　一三九八〜一四五四。貞行の子。宗瑞の外祖父。
* 足利義尚　一四六五〜八九。九代将軍。義政の子。将軍在位は文明五〜延徳元年。
* 今川氏親　一四七三〜一五二六。今川氏当主。駿河・遠江守護。義忠の子。母は宗瑞の姉北川殿。宗瑞

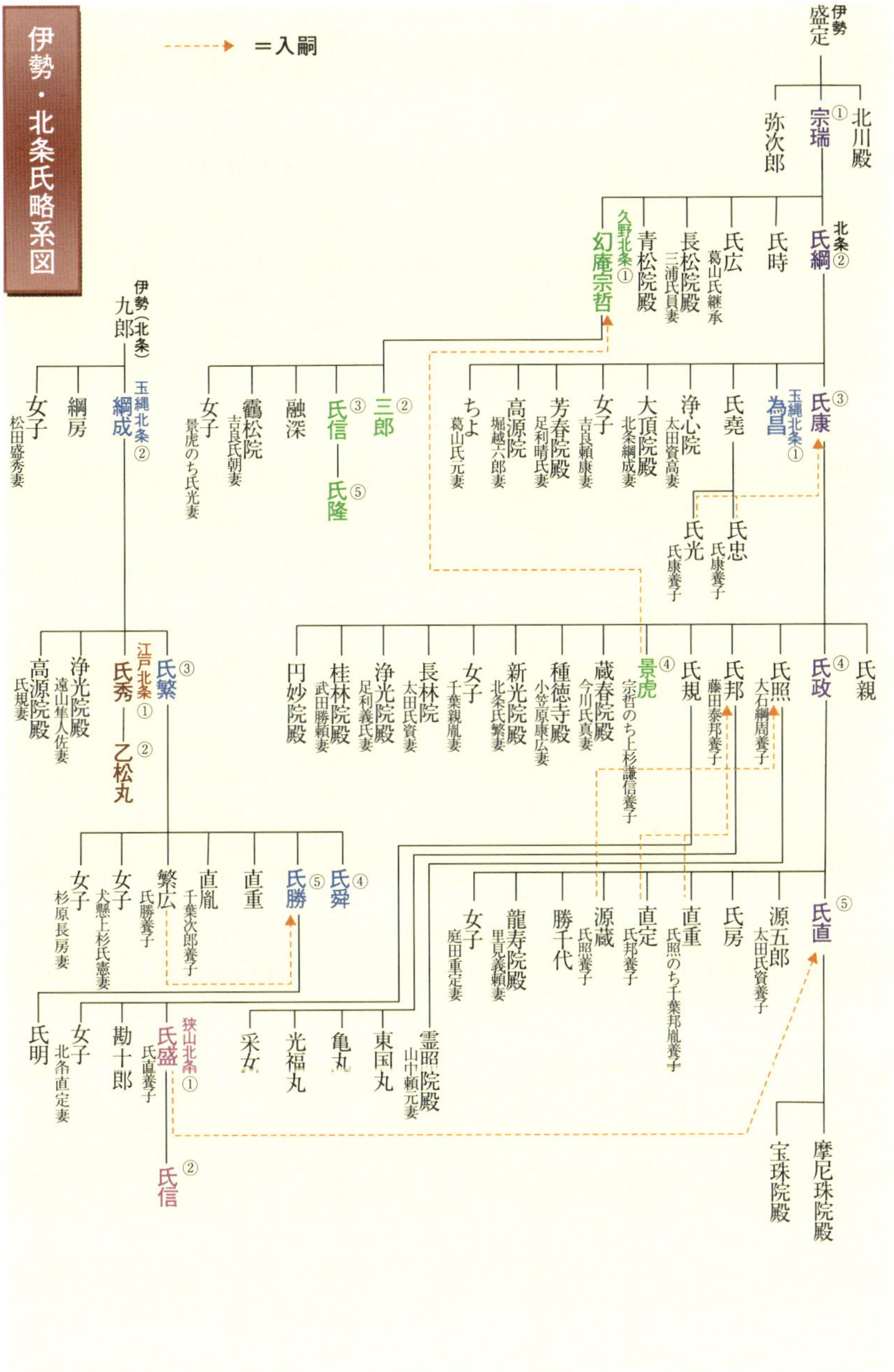

伊勢・北条氏略系図
＝入嗣
伊勢 盛定
北川殿
① 宗瑞
弥次郎
北条② 氏綱
氏時
氏広 葛山氏継承
長松院殿 三浦氏員妻
青松院殿
久野北条① 幻庵宗哲
伊勢（北条） 九郎
③ 氏康
玉縄北条① 為昌
氏堯
浄心院 太田資高妻
大頂院殿 北条綱成妻
女子 吉良頼康妻
芳春院殿 足利晴氏妻
高源院 堀越六郎妻
ちよ 葛山氏元妻
② 三郎
③ 氏信
⑤ 氏隆
融深
鶴松院 吉良氏朝妻
女子 景虎のち氏光妻
玉縄北条② 綱成
綱房
女子 松田盛秀妻
氏忠 氏康養子
氏光 氏康養子
氏親
④ 氏政
氏照 大石綱周養子
氏邦 藤田泰邦養子
氏規
④ 景虎 宗哲のち上杉謙信養子
蔵春院殿 今川氏真妻
種徳寺殿 小笠原康広妻
新光院殿 北条氏繁妻
女子 千葉親胤妻
長林院 太田氏資妻
浄光院殿 足利義氏妻
桂林院殿 武田勝頼妻
円妙院殿
③ 氏繁
江戸北条① 氏秀
② 乙松丸
浄光院殿 遠山隼人佐妻
高源院殿 氏規妻
⑤ 氏直
源五郎 太田氏資養子
氏房
直重 氏照のち千葉邦胤養子
直定 氏邦養子
源蔵 氏照養子
勝千代
龍寿院殿 里見義頼妻
女子 庭田重定妻
④ 氏舜
⑤ 氏勝
直重
直胤 千葉次郎養子
繁広 氏勝養子
女子 大懸上杉氏憲妻
女子 杉原長房妻
霊照院殿 山中頼元妻
東国丸
亀丸
光福丸
采女
狭山北条① 氏盛 氏直養子
② 氏信
勘十郎
女子 北条直定妻
氏明
摩尼珠院殿
宝珠院殿

二代氏綱は、宗瑞生前から小田原に在城したとされ、家督継承後も同地を本拠とした。生年は長享元年前後。母は小笠原政清の娘。父と同じく仮名新九郎を称し、享禄二・三年（一五二九・三〇）頃、従五位下に除され左京大夫《さきょうだいぶ》の官途を得た。また大永三年（一五二三）六〜九月頃には苗字を「伊勢」から「北条」に改めている。妻は養珠院殿《ようじゅいん》*で、その没後、関白近衛尚通《このえひさみち》*の娘勝光院殿*を後室に迎えた。天文一〇年（一五四一）七月一七日に五五歳で病没。すでに同年五月には嫡子氏康に家督を譲っていたと見るべき徴証がある。

三代の氏康は、永正一二年前後の生まれ。母は養珠院殿と見られる。幼名は伊豆《いず》千代丸《ちよまる》、仮名は祖父・父と同じ新九郎。天文二二年四月以前に官途名左京大夫、永禄九年（一五六六）五月に出馬を停止したのちは受領《ずりょう》名相模守《さがみのかみ》を称した。妻は今川氏親の娘瑞渓院殿《ずいけいいん》*、他に側室二人*が知られる。

永禄三年初頭、四代氏政に家督を譲り退隠したが、その後も元亀二年（一五七一）一〇月三日に五七歳で病没する直前まで、政治・軍事の両面で当主氏政を支えた。

氏康死去後は、名実ともに氏政が当主として君臨した。母は瑞渓院殿で、天文八年生まれ。氏康の次男であったが嫡男の氏親*が早世したため後継に立てられた。幼名は松千代丸とされる。仮名は新九郎。永禄九年（一五六六）から官途名左京大夫、天正一一年（一五八三）頃からは受領名相模守を称した。妻は武田信玄《たけだしんげん》*の娘黄梅院《おうばいいん》殿*、後室として鳳翔院殿《ほうしょういん》*が知られる。

の甥。

* **小笠原政清**　？。奉公衆。故実家。持清の子。将軍足利義尚らの弓馬師範。
* **小笠原政清娘**　？。南陽院殿か。法名宗智。氏綱・氏時の生母。
* **善修寺殿**　？〜一五七四。法名宗意。伊豆狩野氏の出身か。幻庵宗哲、長松院殿・青松院殿姉妹の生母。
* **葛山氏娘**　？。葛山氏を継承した氏広の生母。
* **養珠院殿**　？〜一五二七。法名宗栄。氏康・為昌・氏尭らの生母と見られる。鎌倉幕府執権北条氏の末流横井氏の出身ともいう。
* **近衛尚通**　一四七二〜一五四四。関白・太政大臣・准三后。政家の子。
* **勝光院殿**　？〜一五五四。法名妙安。氏綱への入嫁は享禄四〜天文元年頃。
* **瑞渓院殿**　？〜一五九〇。法名宗照。氏康への入嫁は天文四年末から五年初頭頃。

天正八年八月、嫡男氏直を家督に立てて隠居したが、その後も家中に重きをなし、同一八年七月一一日、豊臣秀吉に小田原合戦の責を問われ、五二歳で自刃した。

五代氏直は、永禄五年生まれ。母は黄梅院殿。幼名は国王丸《くにおうまる》、仮名は新九郎、天正一一年頃から官途名左京大夫を称した。妻は徳川家康《とくがわいえやす》*の娘良正院殿《りょうしょういん》*。小田原合戦後、高野山に追放され、翌年二月に赦免されたが一一月九日、二九歳(三〇歳とも)で病没した。疱瘡《ほうそう》と伝える。

異色の戦国大名

北条氏といえば民政。統一的な検地の実施や税制の整備など、その充実ぶりは、北条氏を戦国大名の「典型」とみる根拠の一つとされる。ただ、こうした評価は、偶発的ともいえる関連史料の良好な伝存状況に負うところが大きく、必ずしも他大名との比較検討などを踏まえたものではない。百姓に対し印判《いんばん》状《じょう》でじかに納税を命じるなど、これまでに明らかにされた、自らを百姓と直接に対峙させる北条氏の政治姿勢は、むしろ特異ともいえる面がある。

それだけではない。戦国大名の多くが国人《こくじん》と呼ばれる在地性の強い地域領主から発展したとされるなか、将軍足利義尚の中次などを務めた宗瑞に始まる北条氏

足利義尚　地蔵院蔵

氏親・氏政・氏照・氏規らの生母。

*北条氏康側室　現状で知られるのは、三山綱定の姉妹(氏邦の生母)、遠山康光妻の妹(景虎の生母)。

*北条氏親　一五三七〜五二。北条一族。氏康の子。早雲寺塔頭天用院の開基。

*武田信玄　一五二一〜七三。武田氏当主。甲斐・信濃守護。信虎の子。信玄は法名、実名は晴信。

*黄梅院殿　一五四三〜六九。法名宗芳。氏政への入嫁は天文二三年一二月。氏直らの生母。

*鳳翔院殿　?〜一五九〇。法名宗崇。氏政への入嫁は天正一〇年以前。

*徳川家康　一五四二〜一六一六。徳川氏当主。江戸幕府初代将軍。広忠の子、氏直の義父。初名元信次いで元康。永禄九年松平から徳川に改姓。はじめ三河岡崎に拠り、元亀元年に遠江

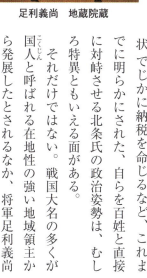

は、いわば京下りの大名であった。

また二代氏綱と三代氏康において顕著に認められる関東管領化への志向は、公方《くぼう》―管領《かんれい》体制*と呼ばれる関東に固有の支配秩序の存在を前提としており、そこには地域性と結びついた当該期の北条氏権力の独自性を見出すことができる。

いま一つ、家督継承や家中の権力把握などをめぐる父子・兄弟間の対立・抗争が見られず、武蔵の八王子城（東京都八王子市）・鉢形《はちがた》城（埼玉県寄居町）・岩付《いわつき》城（同さいたま市）などに分派した一族もまたよく小田原の当主を支えつづけたことは、当時にあって、まことに稀有のことといわねばならない。一族和融は、北条氏の家風ともいう。

例外的な滅亡劇　天正一八年（一五九〇）七月、五代氏直は、天下人豊臣秀吉に降り、戦国大名としての北条氏は滅亡する。長宗我部や島津、徳川など、戦国末期に数か国を領する領域権力に発展した戦国大名の多くは、同様に秀吉と衝突したが、結果的に滅亡したのは北条氏のみ。それはもう一つの北条氏の特異性を示す事実ともいえよう。

これについては、古くから氏直・氏政父子の武将としての器量に帰する見方、つまり二人が時代の趨勢を理解しえず、勝ち目のない戦闘に突入して自滅した、といった評価が流布してきた。しかし実際のところ氏直は、天正一六年八月に叔父の氏《うじ》規《のり》*を上洛させて以来、秀吉に従属する意向であり、同一七年一二月初旬には氏政が

浜松、天正一四年に駿河駿府に本拠を移す。

* **良正院殿**　一五六五～一六一五。督姫。氏直への入嫁は天正一一年八月。氏直死去後の文禄三年、池田輝政に再嫁。

* **公方―管領体制**　古河公方（関東公方。下総古河を本拠とした）と関東管領（元来は関東公方の補佐役）による二頭制的な関東の支配体制。

* **北条氏規**　一五四五～一六〇〇。北条一族。相模三崎城主、上野館林城代。氏康の子、氏政の弟。小田原合戦後は豊臣秀吉に仕える。

上洛《じょうらく》し秀吉に拝謁する段取りも定められている。小田原合戦の開戦に至る経緯は単純ではない。

結果的に氏直は、すべての領国を失い高野山に追放される。長宗我部らが、秀吉の討伐を受けたのちも大名として存続しえたのは、緒戦《しょせん》段階で降伏し、いまだ領国の中枢部を維持していたからであろう。当初から長期戦を念頭に籠城戦で対抗した氏直には、緒戦段階での降伏はありえなかった。

I

北条五代の履歴書

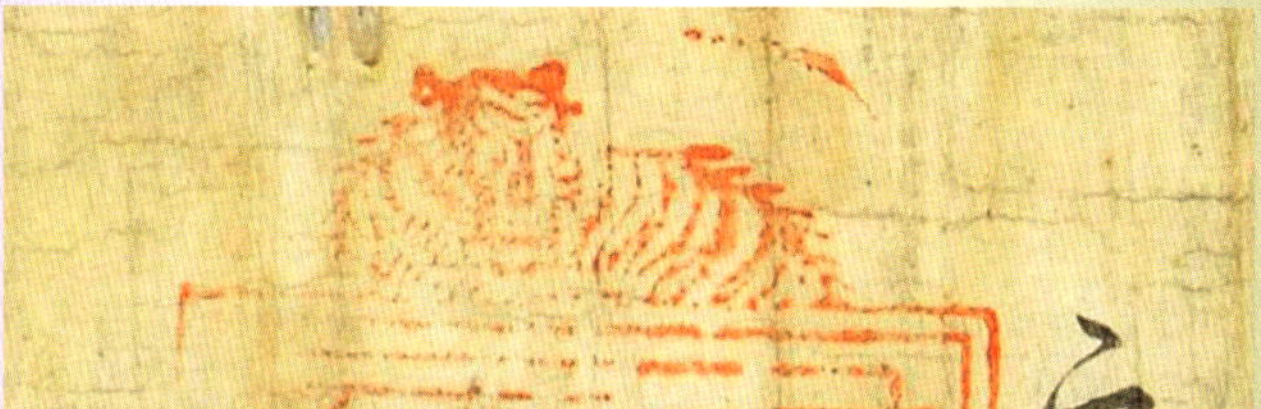

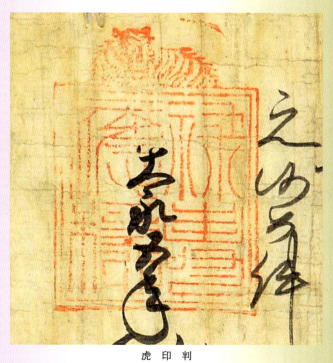

虎印判

一　伊勢宗瑞の生涯

京都での動向　宗瑞の事績を伝える最も早い史料は、文明三年（一四七一）六月、父盛定が創建した備中荏原荘《えはら》（岡山県井原市）の法泉寺《ほうせんじ》に下した禁制である。次いで、同一五年一〇月から長享元年（一四八七）四月まで将軍足利義尚、延徳三年（一四九一）五月に同義稙《よしたね》*の申次、また明応二年（一四九三）頃に奉公衆*として所見される。この間、文明一三年九月には渡辺帯刀丞《たてわきのじょう》*からの借銭に関し幕府に分《ぶ》一銭《いちせん》を納めて徳政《とくせい》*の適用を受け、同一七年一一月には将軍義尚の決裁に属する備中荏原荘祥雲寺《しょううんじ》の住持珠徹《しゅてつ》*と伊勢盛頼《もりより》*との所領相論に関与していた。

幕府に出仕する傍ら、大徳寺の春浦宗凞《しゅんぽそうき》*に参禅したことも特筆される。永正五年（一五〇八）一一月、春浦の法流を汲む東渓宗牧から道号を得たのもこの法縁によっていた。

大徳寺で体得した禅の精神などは、宗瑞の戦略・外交や傭兵術、領国統治などに強い影響を与え、駿河葛山氏に入嗣《にゅうし》した子息氏広《うじひろ》*に与えたとされる家訓「早雲寺殿廿一箇条」にも、その成果が反映されているという。

駿河下向　長享元年（一四八七）四月、宗瑞は病中の将軍義尚を見舞った権大

---

* **足利義稙**　一四六六～一五二三。一〇代将軍。八代将軍義政の弟義視の子。初名義材次いで義尹。将軍在位は延徳二～大永元年。

* **奉公衆**　将軍の直属軍団。

* **渡辺帯刀丞**　?。備中守護代庄元資の被官。宗瑞の借銭額は一六貫文。

* **徳政**　債務の破棄を認める法令。永仁五年（一二九七）、鎌倉幕府が元寇への対応などで疲弊した御家人の救済のために発したのが初例。

* **珠徹**　?。伊勢盛綱の子。

納言甘露寺親長《かんろじちかなが》らに対応していた。だが一一月、一転駿河に下り、小鹿範満《おしかのりみつ》*を討って甥の氏親に今川家の家督を継承させる。

文明八年（一四七六）二月、駿河の守護今川義忠《よしただ》*が遠江で陣没し、今川家ではその嫡子龍王丸《たつおうまる》（氏親）と一族の範満との間で家督争いが起きた。将軍一門の今川家は幕府が鎌倉府への対応などの面で重視する存在。義忠も将軍義政・義尚、政所執事の伊勢貞親《さだちか》*や宗瑞の父盛定と連携があり、かねて宗瑞の姉北川殿*を妻に迎え氏親を儲けていた。だが当時の義忠は、応仁の乱の最中、遠江守護職をめぐって義尚与党の斯波義寛《しばよしひろ》*と抗争しており、将軍家とは対立する関係にあった。

一方の範満は、相模の守護扇谷《おうぎがやつ》上杉持朝《もちとも》*の家宰太田道灌《おおたどうかん》*、堀越公方《ほりごえくぼう》足利政知《まさとも》*の重臣で義父に当たる犬懸《いぬかけ》上杉政憲《まさのり》*と密接な関係にあり、寛正六年（一四六五）から翌年にかけて、政憲とともに政知を支援し、幕府と敵対する古河《こが》公方足利成氏《しげうじ》*に対抗した戦歴を有していた。

結果的に家中を掌握したのは道灌らの支持を得た範満。氏親と北川殿は駿府西方の丸子《まりこ》（静岡県静岡市）に隠棲した。ただ範満の地位は氏親成人までの家督代行であったといい、文明一一年一二月には氏親による義忠遺跡の相続を認める足利義政の御判御教書《ごはんみぎょうしょ》が下される。宗瑞による氏親擁立は幕府の意向に沿うものであった。

以後宗瑞は、今川家中にあって、遠江・三河の攻略、甲斐への侵攻、駿河・遠江の領域支配などの一翼を担う。範満打倒の賞として、氏親から興国寺城《こうこくじ》（同沼津市）

宗瑞の叔父。祥雲寺は盛綱の祖父盛久が建立。

* **伊勢盛頼**　?。盛定の兄盛景の子、宗瑞の従兄弟。
* **春浦宗熙**　一四〇九～九六。大徳寺四〇世。正続大宗禅師。同二八世の養叟宗頤に師事。
* **葛山氏広**　?。駿河の国衆。葛山城主。宗瑞の子。母は葛山氏娘。葛山氏継承は永正一〇年以前。
* **小鹿範満**　?～一四八七。今川一族。範頼の子、義忠の従兄弟。
* **今川義忠**　一四三六～七六。今川氏当主。範忠の子、妻は宗瑞の姉北川殿。宗瑞の義兄弟。
* **伊勢貞親**　一四一七～七三。貞国の子。盛定の義兄弟、宗瑞の叔父。
* **北川殿**　?～一五二九。今川義忠への入嫁は文明元年以前。氏親および内大臣正親町三条実望妻の生母。
* **斯波義寛**　一四五七～?。

富士市の善得寺城とも）などを下されていたというが、確証はなく、現状で在城が確認されるのは石脇《いしわき》城（同焼津市）である。

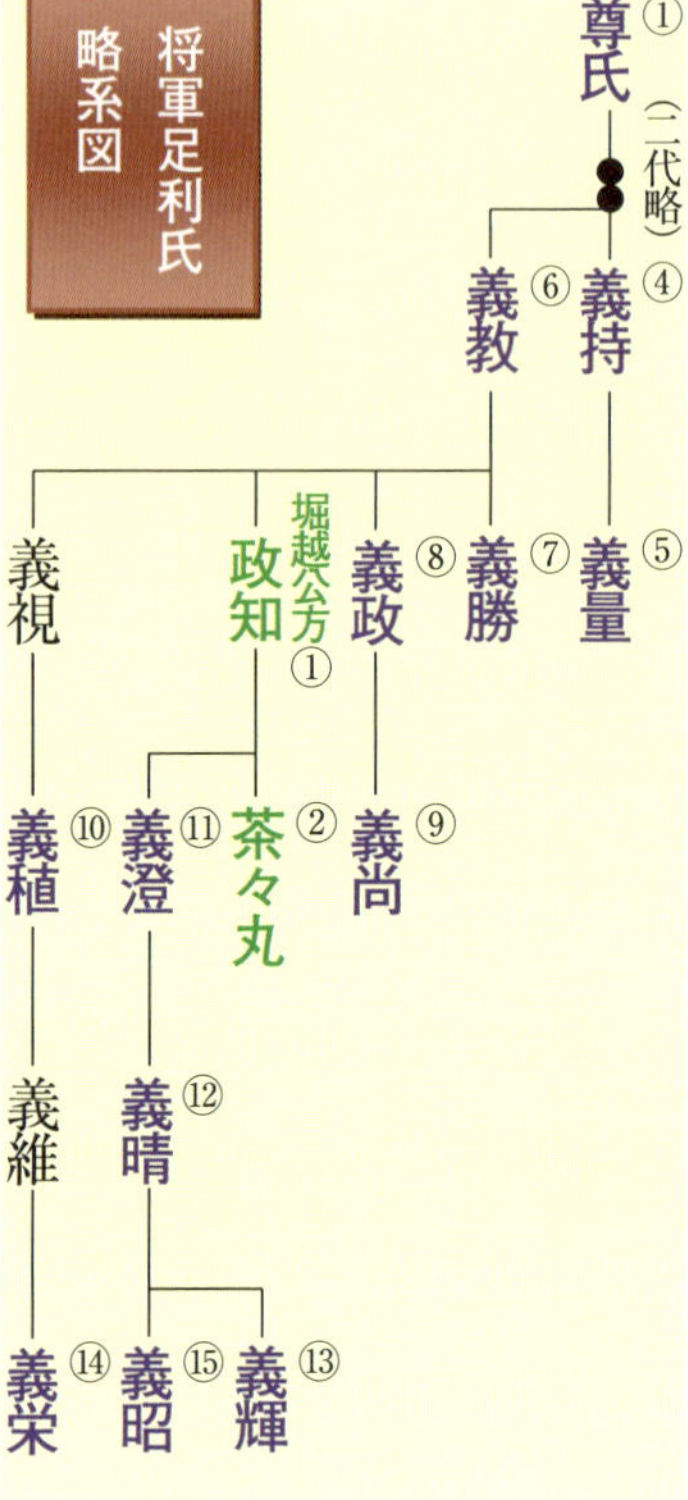

伊豆侵攻

明応二年（一四九三）、宗瑞は伊豆に侵攻して堀越公方足利茶々丸《ちゃちゃまる》*を敗走させる。堀越公方に対抗する古河公方足利政氏《まさうじ》*、長享元年（一四八七）以来、茶々丸を支える関東管領山内上杉顕定《あきさだ》*と対立していた相模守護扇谷上杉定正《さだまさ》*が宗瑞を支援した。同じ年の九月、宗瑞は定正と連携して相模・武蔵に進軍しているから、それはこれ以前になされた可能性が高い。

茶々丸は、延徳三年（一四九一）七月、同年四月に死去した先代政知の意に反して異母弟の潤童子《じゅんどうじ》とその生母円満院*を殺害し、堀越公方位を継承していた。潤童子は、同年四月、管領細川政元《まさとも》*の後ろ盾で足利義植を追い将軍位についた同義澄《よしずみ》*の実弟、円満院は実母であり、義澄にとって茶々丸は肉親の仇敵に当たる。宗瑞の伊豆侵攻は、おそらく新将軍・管領との連携を求める形で実行された。

遠江・越前・尾張の守護。義敏の子。初名義良。

＊**扇谷上杉持朝**　一四一五〜六七。氏定の子。文安五年以前に相模守護に補任され、糟屋（神奈川県伊勢原市）に守護所を置く。

＊**太田道灌**　一四三二〜八六。扇谷上杉氏家宰。相模守護代。資清の子。長禄元年頃から武蔵江戸城に在城。道灌は法名、実名は資長。

＊**足利政知**　一四三五〜九一。初代堀越公方。六代将軍義教の子、八代将軍義政の異母兄。長禄二年足利成氏に代わる関東公方として伊豆に下り、堀越に御所を構える。

＊**犬懸上杉政憲**　？。教朝の子。「鎌倉大草紙」は「政知の名代」とする。その娘は小鹿範頼の妻で範満の生母。

＊**足利成氏**　一四三一〜九七。初代古河公方。四代関東持氏の子。

他方、延徳三年の五～八月頃の間に確認される宗瑞の在京は、政知の死去に関わる可能性が高い。政知は今川氏親と連絡があり、これも今川家中としての動きと解すべき面があるが、宗瑞自らも政知の奉公衆で伊豆に所領を有していたと見るべき徴証があり、伊豆侵攻は、自身の利害とも無関係ではなかったようだ。いずれにしてもそれは、伊豆の領国化と今川家からの自立の第一歩となった。

明応三年九月、宗瑞は定正とともに山内方の相模新井《あらい》城（神奈川県三浦市）などを攻略し、一〇月には武蔵に進んで顕定と対峙した。しかし定正が不慮の事故で陣没したため撤兵、これを機に足利政氏が山内支援に転じ、両上杉氏の抗争は扇谷方不利に傾いてゆく。

ただ宗瑞の伊豆経略は着々と進み、翌四年八月頃までに韮山城（静岡県伊豆の国市）に入ると、同七年八月、茶々丸を自害に追い込んでその全域を支配下に置いた。時を同じくして宗瑞は、八丈島など伊豆諸島の支配にも着手する。

小田原城の入手

宗瑞が扇谷上杉家重臣大森藤頼《おおもりふじより》*の拠る相模小田原城（神奈川県小田原市）を手中にしたのは、こうした状況下においてであった。

定正没後も宗瑞は、後継の朝良《ともよし》*との連携を維持しており、明応五年（一四九六）七月には、小田原の藤頼や宗瑞の弟弥次郎《やじろう》*ら扇谷方の諸氏が西郡《にしぐん》に侵攻した顕定軍に応戦している。だがこの時小田原は落城し、藤頼は山内方に転じたようだ。永正元年（一五〇四）九月以前、藤頼の同族顕隆《あきたか》*が山内方に属しているのはその傍証の

---

* **足利茶々丸**　?～一四九八。二代堀越公方。政知の子。一一代将軍義澄の異母兄。
* **足利政氏**　一四六六～一五三一。二代古河公方。成氏の子。
* **山内上杉顕定**　一四五四～一五一〇。関東管領、上野・武蔵・伊豆の守護。実父は上杉房定。房顕の養子。
* **扇谷上杉定正**　一四四六～九四。持朝の子。
* **円満院**　?～一四九一。足利政知の妻。武者小路隆光の娘。
* **細川政元**　一四六六～一五〇七。管領、摂津・丹波・讃岐・土佐の守護。勝元の子。管領在職は明応二～永正四年。
* **足利義澄**　一四八〇～一五一一。一一代将軍。政知の子。初名義遐次いで義高。将軍在位は明応二～永正五年。
* **大森藤頼**　?～一五〇三。

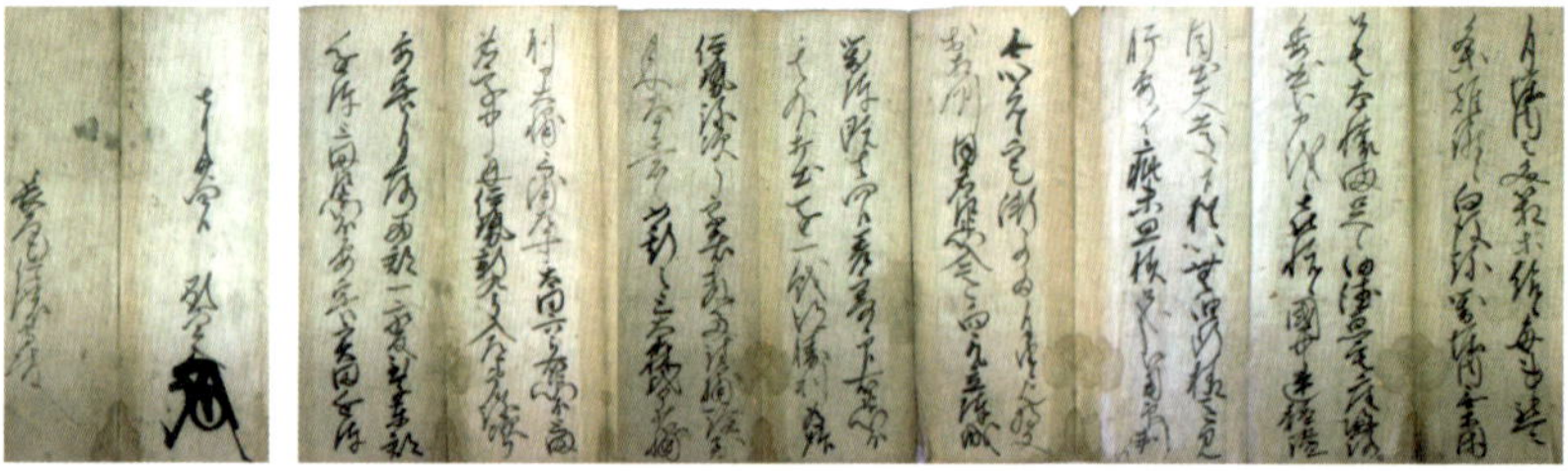

伊勢弥次郎らの動向を伝える山内上杉顕定の書状〔明応５年７月〕（部分）　小田原城天守閣蔵

一つとなろう。

次いで文亀元年（一五〇一）三月、宗瑞は小田原に近い相模上千葉《かみちよ》（小田原市）を伊豆山権現《いずさんごんげん》（静岡県熱海市）に寄進《きしん》しており、この頃には小田原城を入手していたと見てよい。朝良との連携による対山内戦略の成果であろう。その時期は確定できないが、「異本塔寺《いほんとうでら》長帳《ながちょう》」は、明応九年条に「北条氏茂入道《うじしげにゅうどう》宗雲（宗瑞）、小田原城を攻め取って入城」と記す。以後、宗瑞は小田原城を相模経略などの拠点とし、やがて嫡男の氏綱を入部させた。

永正元年九月、宗瑞は今川氏親とともに朝良と連携して武蔵に進み、一〇月、立河原《たちがわら》（東京都立川市）で顕定を破る。だが一一月、顕定を支援する越後守護の上杉房能《ふさよし》*が相模に侵攻し、翌年には朝良の拠点武蔵河越《かわごえ》城（埼玉県川越市）を包囲した。追い込まれた朝良は三月、養子朝興《ともおき》*に家督を譲って退隠し、伊豆侵攻以来の宗瑞の東進も、いったん頓挫する。

相模制圧

永正四年（一五〇七）八月、越後守護

相模の国衆。小田原城主。氏頼の子。宗瑞の小田原入手時の大森氏当主は、兄実頼の子定頼ともいう。

＊扇谷上杉朝良　?〜一五一八。相模守護。定正の養子。実父は定正の弟朝昌。

＊伊勢弥次郎　一四六四?〜一五二二?。延徳三年八月に足利義稙の申次として所見、のち関東に下る。

＊大森顕隆　?。大森一族。藤頼の兄実頼の子ともいう。

＊上杉房能　?〜一五〇七。房定の子、山内上杉顕定の兄。

＊扇谷上杉朝興　一四八八〜一五三七。相模守護。朝良の養子。実父は朝良の弟朝寧。

代の長尾為景《ながおためかげ》*が守護上杉房能を自害させ、一族の定実《さだざね》*を守護に据えた。それは将軍位への復帰を目指す前将軍足利義稙と連携するかたちで行なわれ、翌五年六月、義

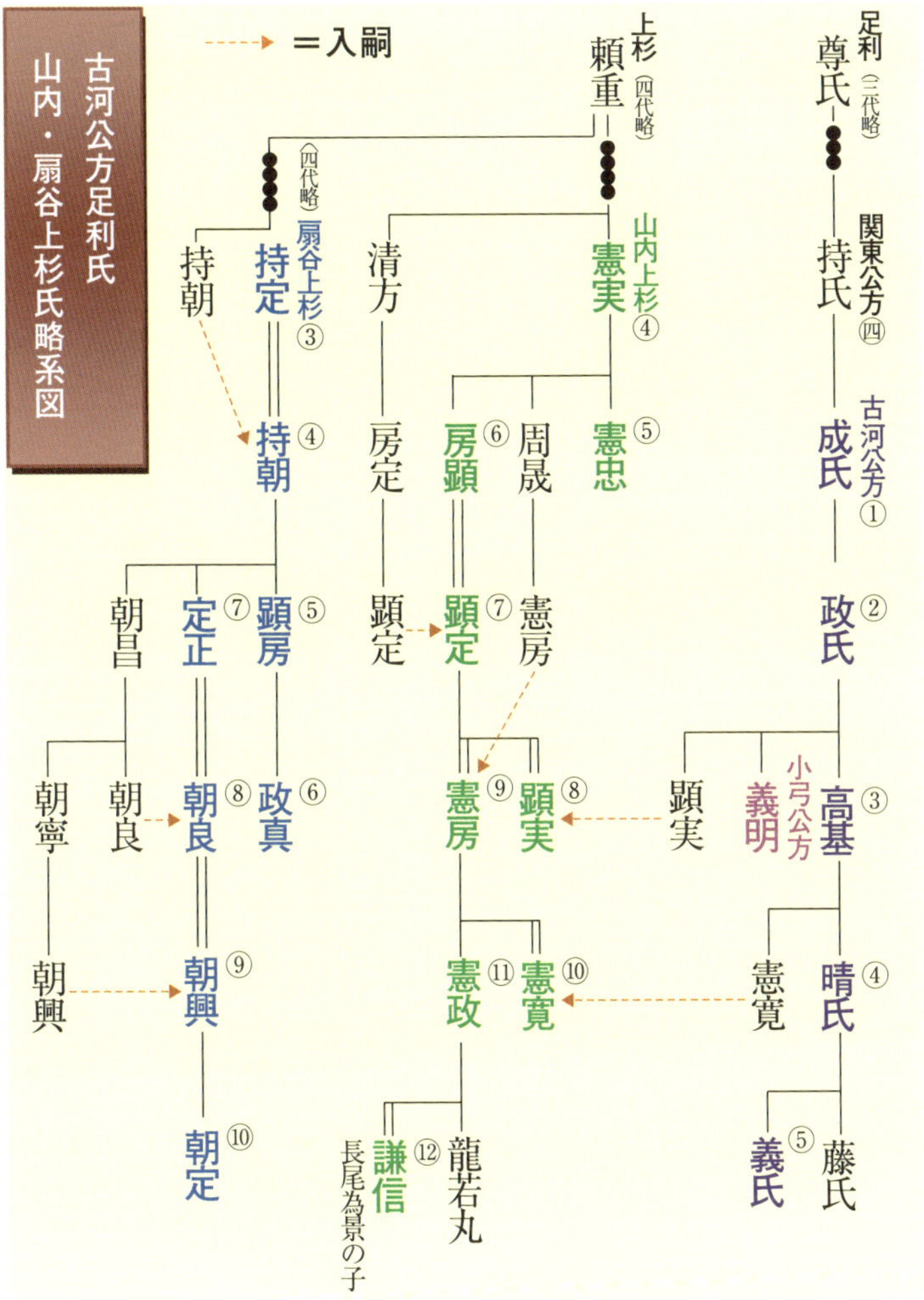

古河公方足利氏
山内・扇谷上杉氏略系図

* 長尾為景　?～一五四二。能景の子、上杉謙信の父。

* 上杉定実　?～一五五〇。房定の弟房実の子、顕定・房能の従兄弟。

澄を追って将軍に復帰した義稙は、直ちに定実の越後守護職継承を承認する。これを見た房能の実弟山内上杉顕定は、同六年八月、定実・為景を討つべく越後に出陣、一時は為景らを越中へ追ったが、翌七年七月に敗死した。

顕定の越後出陣を機に宗瑞は、為景や顕定と対立する長尾景春《かげはる》*らと結び、かつての盟友扇谷上杉朝良の領国相模・武蔵への侵攻を開始する。永正三年までに宗瑞も義澄支持から義稙支持に転じており、宗瑞と為景は義稙支援で一致していた。同五年五月、今川氏親が義稙から念願の遠江守護に補任《ぶにん》されたことも、宗瑞の東進再開を後押ししたにちがいない。

永正七年七月以降、越後から帰還した顕定の養子憲房《のりふさ》*と古河公方足利政氏の支援を得た朝良が、一〇月に小田原城、一二月に鴨沢《かもざわ》要害（神奈川県中井町）を攻めるなどして攻勢に転じると、同八年一一月までに両者はいったん和睦《わぼく》した。ただその後、山内上杉家では顕定が後継と定めていた顕実《あきざね》*と憲房とが対立し、翌年六月には憲房が顕実を没落させる。また同月、政氏が同三年以来対立していた嫡子高基《たかもと》*に圧迫されて下野祇園《ぎおん》城（栃木県小山市）に移り、高基を憲房が支える体制が現出した。政氏を頼みとする朝良も次第に憲房との溝を深めてゆく。

機を見て敏、永正九年八月、宗瑞は氏綱とともに朝良に属す三浦道寸《みうらどうすん》*の子義意《よしおき》*の拠る相模岡崎《おかざき》城（神奈川県平塚市等）を攻略、ほぼ同時に相模中郡《なかぐん》・東郡《ひがしぐん》と武蔵多摩《たま》郡《ぐん》とを結ぶ街道上の要地当麻《たいま》（同相模原市）を制圧し、一二月には武蔵久良岐郡本牧《くらきぐんほんもく》

---

* **長尾景春** 一四四三〜一五一四。上野の国衆。白井城主。景信の子。
* **山内上杉憲房** 一四六七〜一五二五。関東管領。顕定の養子。実父は憲実の子周晟。
* **山内上杉顕実** ?〜一五一五。関東管領。顕定の養子。実父は足利政氏。
* **足利高基** ?〜一五三五。三代古河公方。政氏の子。初名高氏。
* **三浦道寸** 一四五一（三）〜一五一六。相模の国衆。岡崎城主。高救の子。母は大森氏頼の娘。道寸は法名、実名は義同。
* **三浦義意** ?〜一五一六。相模の国衆。新井城主。道寸の子。妻は武田信嗣の娘（信清の姉妹）。

コラム

宗瑞と以天宗清

永正一三年（一五一六）頃、以天宗清《いてんそうせい》（のち大徳寺八三世）は宗瑞の招きに応じて伊豆に下り、韮山城にほど近い香山寺《こうざんじ》（静岡県伊豆の国市）に止住した。以天は、かつて宗瑞が参禅した春浦宗熈《しゅんぽそうき》（大徳寺四〇世）の嗣法陽峰宗韶《ようほうそうじょう》（同七〇世）に始まる龍泉《りょうせん》派の法流に連なる人で、宗瑞とは同志ともいえる間柄。また宗瑞の母の実家、京都伊勢氏の被官《ひかん》蜷川《になかわ》氏の出身とされ、俗世でも宗瑞と身近な関係にあった。

その後、氏綱は以天を開山に招じ、相模湯本《ゆもと》（神奈川県箱根町）に早雲寺《そううんじ》を建立する。大永元年（一五二一）のことというが、これ以前に以天が伊豆に下向していることからすると、宗瑞の生前に前身となる寺が建立されていたとする指摘にも、充分な説得力がある。

以天宗清　龍泉庵蔵

宗瑞は、京都を離れて駿河へ下り武将として活躍するようになってからも、大徳寺で会得した禅の精神を忘れることはなかった。宗瑞同様、春浦の法流を汲む東渓宗牧（大徳寺七二世）が評したように、その行実は、まさしく「武にして禅にゆく人」（「東渓宗牧語録」）そのものであったといえよう。宗瑞と以天とが、ともに大徳禅の普及に心を砕いたことは容易に想像される。早雲寺の創建はその結実でもあった。

（同横浜市）の領主で憲房配下の平子牛法師丸《たいらくうしほうしまる》＊を服属させる。

次いで翌年正月頃には鎌倉に入り、三浦方の住吉《すみよし》城（同逗子市）を落とした。玉縄《たまなわ》城（同鎌倉市）を再興し、朝良・道寸に対する前線基地、相模東部支配の拠点としたのもこの頃であろう。そして永正一三年七月、三浦方の最後の拠点、三浦半島西端部の新井城（同三浦市）を攻めて道寸と義意を討ち、相模を平定する。すでに前年、宗瑞は伊豆諸島の八丈島からも道寸の勢力を駆逐していた。

最晩年の動向　新井攻略後の永正一三年（一五一六）一一月、次いで翌年と、宗瑞は江戸湾を渡り上総藻原《もばら》（千葉県茂原市）に布陣する。目的は、下総の雄族千葉《ちば》勝胤《かつたね》＊の重臣で小弓《おゆみ》城（同千葉市）に拠る原胤隆《はらたねたか》＊と抗争していた、上総真里谷《まりやつ》城（同木更津市）の武田信清《のぶきよ》＊への支援にあった。信清は三浦義意の義兄弟だが、宗瑞の三浦攻めに対抗した形跡はなく、すでに宗瑞と連携関係にあったのであろう。伊豆半島に加え三浦半島・八丈島という太平洋海運の拠点を押さえた宗瑞にとって、信清との連携は、これに連なる江戸湾の制海権を掌握する上でも重要であった。

宗瑞の支援を得た信清は、永正一四年に小弓城を攻略し、翌年七月には足利政氏の次子義明《よしあき》＊を同城に迎えた。小弓公方《おゆみくぼう》である。これより前の同年四月、扇谷上杉家では朝良が死去、有力な後ろ盾を失った喪失感からか政氏は武蔵久喜《くき》（埼玉県久喜市）の甘棠院《かんとういん》に隠遁していたが、なおも義明を後継と定め高基と対抗する気概を示していた。以後高基・義明兄弟は、公方位をめぐり熾烈な抗争を展開してゆく。

＊**平子牛法師丸**　?。房政の子。実名は房長ともいう。

＊**千葉勝胤**　一四七〇〜一五三二。千葉氏当主。孝胤の子。

＊**原胤隆**　?〜一五三六。下総の国衆。臼井城主。千葉氏家宰。胤房の子。

＊**武田信清**　?〜一五三四。武田氏（上総真里谷）当主。信嗣の子。

＊**足利義明**　?〜一五三八。小弓公方。政氏の子、高基の弟。

この間、信清と結ぶ宗瑞は義明を支援した。朝良の後継朝興もまた父の路線を継承して義明を支持し、ともに義明を支援する両者の関係は、急速に改善に向かう。永正一五年九月頃、宗瑞が氏綱に家督を譲ったのは、旧来の敵対関係の清算を意図してのことであろう。翌年四月、箱根権現別当《ごんげんべっとう》への就任が予定されていた末子菊寿《きくじゅ》丸《まる》＊に、箱根領と自身の所領の一部を譲与しているのも、退隠にともなうものだ。

永正一六年七月、氏綱は上総藻原の妙光院に軍勢の乱暴などを禁じる制札《せいさつ》を下した。宗瑞もまた三浦三崎《みさき》（神奈川県三浦市）に陣を進める。だが八月、にわかに病を発して韮山に帰還、同一五日に死去した。休むがごとき大往生であったという。

二　関東管領への道

本拠を小田原へ

永正一六年（一五一九）九月、氏綱は芳琳乾幢を伊豆韮山に迎え宗瑞供養のための法会を催した。しかし、すでに小田原城を拠点としていた氏綱が韮山に移ることはなかった。

父の死去後も、氏綱は扇谷上杉朝興とともに小弓公方足利義明を支援し、古河公方足利高基・関東管領山内上杉憲房に対抗した。従兄弟に当たる駿河の今川氏親と

＊ **伊勢菊寿丸**　？〜一五八九。北条一族。箱根権現別当。宗瑞の子。法名宗哲・長綱。庵号幻庵。北条幻庵の呼称で知られる。

北条氏綱　早雲寺蔵

は良好な関係が維持されており、戦略上から見ても、当時の小田原は韮山より重要な位置にあったといえる。

北条改称　大永三年（一五二三）六月、氏綱は箱根権現（神奈川県箱根町）を造営し、その棟札《むなふだ》に宗瑞を「相州故太守」、自らを「太守」（箱根神社文書）と記した。自身が相模の正当な支配者であることをアピールしたものだ。相前後して行われたと見られる相模惣社六所《そうじゃろくしょ》神社（同大磯町）、同一宮寒川《さむかわ》神社（同寒川町）の造営にも同様の意図が込められていた。

次いで同年九月までの間に氏綱は、苗字を「伊勢」から「北条」に改める。*そこには相模国司（相模守）を世襲した鎌倉幕府の執権《しっけん》北条氏の名跡《みょうせき》を継承し、相模の守護扇谷上杉氏に対抗しうる相模支配の正当性を獲得する狙いがあった。「北条」が「前代日本の副将軍」（妙本寺文書）の家柄であることも認識されていたにちがいない。これ以降、氏綱が伝統的な関東の政治体制＝公方―管領体制に自らを関東管領として位置づける志向を露にしてゆくのは、その帰結と見ることができる。

いま一つ、天文元年（一五三二）五月、源頼朝以来、将軍・執権次いで関東公方

＊「北条」は鎌倉北条氏の末裔で氏綱の妻養珠院殿の実家の苗字ともいう。

らが担ってきた武家の守護神、鎌倉鶴岡八幡宮の造営に着手したのも、そうした意思の具現化にほかならない。これに対する「関東八か国の大将軍であることは疑いない」(「快元僧都記《かいげんそうずき》」)との評価は、氏綱の意図を代弁するものでもあったろう。それゆえ、この事業は神意を背景とした敵対勢力への勧進《かんじん》や用材の提供要求などの面で、濃厚な政治色を帯びるものとなった。

武蔵侵攻　大永四年(一五二四)正月、氏綱は、扇谷上杉朝興の本拠江戸城を奪取した。次いで四月までに蕨《わらび》(埼玉県蕨市)・岩付(同さいたま市)・毛呂《もろ》(同毛呂山町)・石戸《いしと》(同北本市)の諸城を落とすなどして、朝興の重要拠点河越城の周辺を制圧する。この間、江戸城には当代随一の重臣遠山直景《とおやまなおかげ》*を配し、四月一〇日までに小田原・玉縄と毛呂・石戸とを結ぶ街道上に伝馬《てんま》*を配備した。

これ以前に氏綱は、多摩川以南の武蔵小机《こづくえ》領周辺を制圧し、相模津久井《つくい》城(神奈川県相模原市)の内藤氏、武蔵由井《ゆい》城(東京都八王子市)の大石道俊《どうしゅん》*・勝沼《かつぬま》城(同青梅市)の三田政定《みたまささだ》*らを服属させていた。江戸攻略に始まる軍事行動は、伊豆・相模につづき武蔵全域の領国化を目指してなされたと見られている。

むろん朝興も静観していたわけではない。いったんは河越城を捨て藤田陣(埼玉県寄居町)に後退したが、江戸落城の寸前に山内上杉憲房、二月に甲斐の武田信《のぶ》虎《とら》*と結び、六月には河越に復帰する。そして七月、信虎の支援を得て岩付城を奪還すると、一〇月には憲房とともに毛呂城を包囲した。にわかに劣勢となった氏綱は

* **遠山直景**　?〜一五三三。北条氏家臣。武蔵江戸城代。
* **伝馬**　物資輸送・通信などのための馬。
* **大石道俊**　?。武蔵の国衆。由井城主。道俊は法名、実名は定久か。
* **三田政定**　?。武蔵の国衆。勝沼城主。氏宗の子。享禄四年七月、小田原に参府している。
* **武田信虎**　一四九四〜一五七四。武田氏当主。甲斐守護。信縄の子、信玄の父。初名信直。享禄三年に扇谷上杉朝興の叔母を妻とし、天文二年には朝興の娘を嫡男信玄の妻に迎える。

城を開き、いったん朝興・憲房および信虎と和談する。

この年七月、朝興は花押《かおう》を宗瑞花押に類似する形態に改めていた。* そこには宿敵の印鎰《いんやく》を将旗に見立て、これを奪う意図が込められていた。朝興の抜き差しならぬ覚悟が見て取れよう。

大永五年二月以前、朝興は小弓公方足利義明と武田信清に説いて氏綱と断交させる。里見義豊《さとみよしとよ》*も同調し、前年以来、氏綱・朝興の双方から支援要請を受けていた越後の長尾為景《ためかげ》も朝興支援の意向を明らかにした。相前後して氏綱は、ふたたび岩付城を攻略したが孤立化は否めず、八月には配下の伊勢九郎*が武蔵白子原《しらこはら》（埼玉県和光市）で朝興軍に大敗、翌六年六月には朝興・武田大夫《だいぶ》*・里見義豊らに蕨城を奪還される。義豊は一一月にも海路鎌倉に渡り鶴岡八幡宮などを類焼させるなどしたようだ。また八月、前年四月に没した憲房の後継憲寛《のりひろ》*も朝興とともに武蔵小沢城《おざわ》（神奈川県川崎市）を攻略し、一一月には相模玉縄城を攻めたという。

河越奪取　享禄三年（一五三〇）正月、扇谷上杉朝興は武蔵小沢原（東京都府中市）などに進軍し、翌年九月には、配下の太田資頼《おおたすけより》*が岩付城を奪還した。大永六年（一五二六）以降、朝興らとの抗争の舞台が武蔵南部から相模にまで南下しているのは、紛れもなく氏綱の劣勢を示すものだ。ただその後、山内上杉氏ら朝興と結ぶ諸氏に相次いで内訌《ないこう》が生じ、戦局は次第に氏綱有利へと傾いてゆく。

享禄四年九月、山内上杉憲寛が養父憲房の実子憲政《のりまさ》*を支持する勢力に追われた。

---

* 宗瑞（上）と扇谷上杉朝興（下）の花押

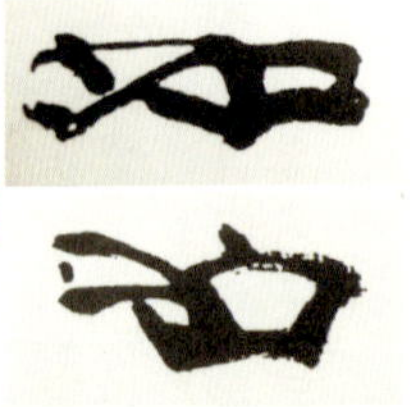

* **里見義豊**　?～一五三四。里見氏当主。義通の子。

* **伊勢九郎**　?。姓は「櫛間」とも記される。今川氏旧臣福島氏の一族か。

* **武田大夫**　?。武田氏（上総真里谷）当主。信清の子。

* **山内上杉憲寛**　?。関東管領。憲房の養子。実父は足利高基。

* **太田資頼**　?。武蔵の国衆。岩付城主。資家の子。

* **山内上杉憲政**　一五二三?～七九。関東管領。憲房の子。のち憲当と改名。

コラム

鶴岡八幡宮の造営

天文元年（一五三二）五月に氏綱が着手した鶴岡八幡宮の造営事業は、メインともいえる同九年一一月の上宮正殿の遷宮の挙行により、いちおうの区切りを迎える。

この間に氏綱は、伊豆・相模・武蔵など領内から各種の職人を動員し、その把握と統制とを急速に進める。先進地の京都や奈良からも、義父の関白近衛尚通らを伝手《つて》に大工・塗師《ぬし》らが召集された。その中には造営終了後も北条領内にとどまった者もおり、これを機に当時の最新技術が関東に広まり定着してゆく。寝殿と会所・苑池などからなる京風の構成を有していた氏康館など、小田原城内の作事などにもその技術が活かされたにちがいない。また、宮殿や廻廊の作事などは、家臣らに知行《ちぎょう》役として割り当てるかたちで進められ、郷村の百姓らも用材の搬送などの労役などに従事した。これが家臣や郷村などへの役の賦課体制の整備を推進する大きな梃子となったことはいうまでもない。

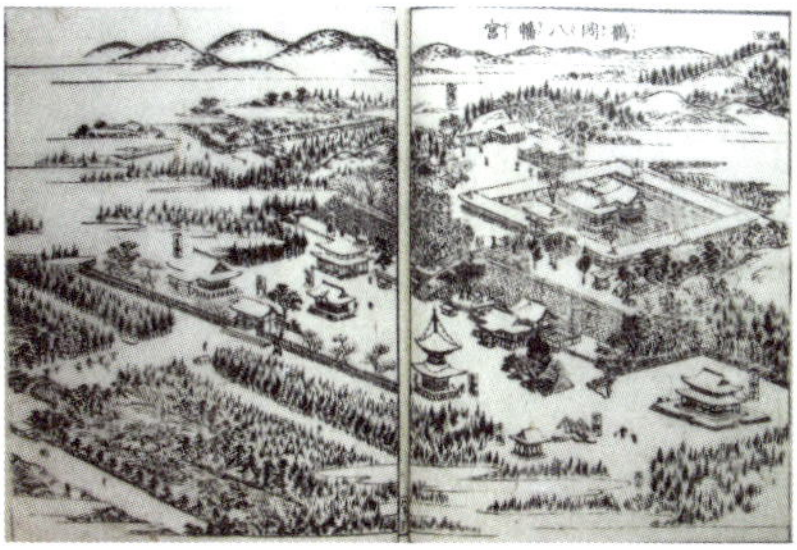

鶴岡八幡宮（『東海道名所図会』より　神奈川県立歴史博物館蔵）

空前の大事業と評される鶴岡八幡宮の造営は、関東における各種の技術発展や造形文化などの振興に加え、北条氏による領国支配体制の整備の面でも画期となる重要な意義を有していた。

いまだ五歳前後の憲政の政治動向は、朝興没後の天文六年（一五三七）六月以前にはは知られず、この間の朝興は、山内家から有効な支援を得られない状況にあった。

天文二年七月には、里見義豊が家中に抜きがたい勢力を有していた叔父実堯《さねたか》*を誅殺、実堯の子義堯《よしたか》*が上総百首《ひゃくしゅ》城（千葉県富津市）に籠り、氏綱に支援を求めてきた。これを機に氏綱は、翌年四月、朝興と結ぶ義豊を討ち義堯を里見家当主に据え自陣に引き込むことに成功する。

次いで同三年一一月頃、上総武田家で、信清嫡子の武田大夫の没後に家督を継承した信隆《のぶたか》*とその弟信応《のぶまさ》*との対立が生じると、氏綱は里見義堯とともに信隆を支援した。朝興は信応方に立ったと見られる。

この間、朝興は、天文二年八月に江戸方面へ侵攻し、同年一一月、同四年九月と、武田信虎と連携して相模中部の大磯《おおいそ》（神奈川県大磯町）・平塚《ひらつか》（同平塚市）などに放火する。それは里見義豊・武田信応への支援行動の一環でもあったろう。しかし同四年一〇月、氏綱および里見義堯・武田信隆らの軍勢と河越に近い武蔵入間《いるま》川で衝突して以降は、目立った軍事行動を見せていない。当時の氏綱方勢力が結束したこの戦闘は、朝興に少なからぬ打撃を与えるものであったようだ。

こうした動向の中、天文六年四月、朝興が一三歳前後の嫡子朝定《ともさだ》*を残し死去した。六月末、朝定は、駿河に出陣していた氏綱の虚を突いて河越城から武蔵神代寺《じんだいじ》（東京都調布市）まで南下する。しかし朝興亡き後の扇谷家の衰退は覆いようもなかっ

* **里見実堯**　?～一五三三。里見一族。義実の子、義通の弟。

* **里見義堯**　一五〇七～七四。里見氏当主。実堯の子。

* **武田信隆**　?～一五四〇?。武田氏（上総真里谷）当主。信清の子（庶長子）。

* **武田信応**　?～一五五二。武田氏（上総真里谷）当主。信清の子（嫡出）、信隆の異母弟。

* **扇谷上杉朝定**　一五二五～四六。扇谷上杉氏当主。朝興の子。

た。七月、駿河から帰陣した氏綱は、一気に攻勢に出て河越城を奪い、翌年二月には朝定の拠点の一つ下総葛西城《かさい》（東京都葛飾区）を攻略する。河越には氏綱の次子為《ため》昌《まさ》*が入り、葛西は江戸城の管轄とされた。

河東一乱　扇谷上杉朝興らとの抗争が続く中、大永六年（一五二六）、氏綱の従兄弟に当たる今川氏親が死去した。いまだ一四歳の後継氏輝《うじてる》*は、翌年朝興と結ぶ武田信虎と一旦和睦したものの、天文三年（一五三四）以降はふたたび氏綱と連携して信虎に対抗する。氏輝の姉瑞渓院殿の氏康への輿入《こし》れも、こうした中で実現した。だが同五年三月に氏輝が急死したのち、氏綱の支援を得て家督を継承した義元《よしもと》*は、翌年二月、信虎と盟約し、その娘定恵院殿《じょうけいいん》*を妻に迎えた。ただちに氏綱は今川領へ侵攻し、同八年七月までに富士川以東の駿河河東《かとう》の地を占拠する（河東一乱）。

そこには東方での朝興らとの戦闘を念頭に、西方の義元との国境線を前進させておく狙いもあったであろう。むろん戦線の拡大というリスクもあった。それゆえ氏綱は、娘婿に当たる遠江見付端城《みつけは》（静岡県磐田市）の堀越氏《ほりこしうじ》延《のぶ》*や同井伊谷《いいのや》の井伊直宗《いいなおむね》*、三河作手城《つくで》（愛知県新城市）の奥平定勝《おくだいらさだかつ》*、同田原城《たはら》（同田原市）の戸田《とだ》宗光《むねみつ》*らと連絡し義元を背後から牽制している。

今川義元　臨済寺蔵

関東管領北条氏綱　江戸城攻略後の大永四

---

* **北条為昌**　?〜一五四二。北条一族。氏綱の子、氏康の弟。相模玉縄・武蔵小机城主、武蔵河越城代。

* **今川氏輝**　一五一三〜三六。今川氏当主。氏親の子。天文五年に小田原を訪問した直後、弟の彦五郎と同日に死去。

* **今川義元**　一五一九〜六〇。今川氏当主。氏親の子、氏輝の弟。はじめ善得寺に入り梅岳承芳、氏輝没後の花倉の乱で兄の玄広恵探を討ったのち当主の座につき、還俗して義元と称す。

* **定恵院殿**　?〜一五五〇。今川氏真・嶺松院殿（武田義信妻）らの生母。

* **堀越氏延**　?〜一五三七。今川一族。遠江見付端城主。嫡子と見られる六郎の妻に氏綱の娘高源院（崎姫。山木大方）を迎える。

* **井伊直宗**　?〜一五四二。遠江の国衆。直平の子。

年（一五二四）三月、氏綱と江戸在城の遠山直景は、古河公方足利高基に忠節を尽くす旨を申し入れた。もともと小弓公方義明を支持する立場にあった氏綱だが、同じく義明支持派の扇谷上杉朝興との抗争は、義明への敵対行為でもあったから、自然、高基への接近を図ったのであろう。さすがに高基も「本心はどうであろうか。働き次第である」〔幸田成友氏旧蔵文書〕と懐疑的で、この時点での両者の関係改善はなされていない。

享禄四年（一五三一）六月に高基から公方位を継承した晴氏《はるうじ》*の対応も、基本的には同様であった。ただ天文六年（一五三七）五月、義明が武田信応の支援に動いて信隆を降し、信隆支持派の氏綱も義明への服従を表明すると、晴氏は翌年五月までに氏綱を頼んで義明に対抗する道を選ぶ。以後も義明方の扇谷上杉朝定との抗争をつづける氏綱と義明との関係は、実際のところ微妙であったが、両者の接近に晴氏が危機感を抱いたことは充分想定される。

その年の九月、義明が里見義堯らを従え下総国府台《こうのだい》（千葉県市川市）に進んだ。晴氏の古河《こが》城（茨城県古河市）、関宿《せきやど》城（千葉県野田市）などの攻略を目指したものであろう。晴氏は、迷うことなく氏綱に義明討伐を命じる。下総の千葉昌胤《まさたね》*、上総東金《とうがね》城（同東金市）の酒井氏*らもこれに応じたようだ。氏綱は、嫡男氏康とともに一〇月二日に小田原を出陣、六日江戸城に入り、翌七日、激戦の末、相模台《さがみだい》（同松戸市）で義明を討ち取った。義明の嫡子義純《よしずみ》、弟の基頼《もとより》も討たれ、小弓城にあった義明の

---

* **奥平定勝** 一五一二～九五。三河の国衆。作手城主。貞昌の子。
* **戸田宗光** ?～一五四七。三河の国衆。田原城主。
* **足利晴氏** ?～一五六〇。四代古河公方。高基の子。妻は氏綱の娘芳春院殿。
* **千葉昌胤** 一四九六～一五四六。千葉氏当主。勝胤の子。
* **東金酒井氏** 上総の国衆。遠金城主。原氏に従う。

末子頼淳《よりずみ》*は里見義堯に護られて安房へと逃れた（第一次国府台合戦）。

この一戦をへて、長年にわたる公方家の分裂は解消され、千葉配下の原胤清《はらたねきよ》*が小弓城を回復、上総土気《とけ》城（千葉県千葉市）の酒井氏*が千葉方に転じ、上総武田家でも信隆が当主に返り咲くなど、氏綱の勢力は下総から上総北部にまで拡大した。さらに氏綱自身、戦功第一として晴氏から関東管領に補任されたという。同職の任免権は幕府にあり、これは正式なものとはいえないが、関東での氏綱の地位は、以後一気に上昇した。次いで翌年八月、氏綱は晴氏に娘芳春院《ほうしゅんいん》殿*を入内させて公方家と血縁を結び、実質的な関東管領としての地位を固めてゆく。

氏綱から氏康へ

天文一〇年（一五四一）五月二一日、氏綱は嫡男の氏康に宛て置文《おきぶみ》をしたためている。この頃氏綱に「不予のこと（病気）があった」（「鎌倉管領九代後記」）とする所伝もあり、それが氏康への家督譲与を機としていた可能性は高い。ほどなく氏綱は、七月四日に出家し、同一七日、五五歳で病没した。

次いで翌年五月、あとを追うようにして実弟の為昌が死去する。一族の綱成《つなしげ》*に玉縄城主の地位を継

北条氏康　早雲寺蔵

* **足利頼淳**　?〜一六〇一。小田原合戦後、下野喜連川に入封。
* **原胤清**　?〜一五五六。下総の国衆。千葉氏家宰。胤隆の子。これ以前氏綱の庇護を受けていた。
* **土気酒井氏**　上総の国衆。土気城主。東金酒井氏の同族。
* **芳春院殿**　?〜一五六一。法名宗怡。義氏の生母。
* **北条綱成**　一五一五〜八七。北条一族。玉縄城主。伊勢（櫛間）九郎の子か。妻は氏綱の娘大頂院殿。

承させ、重臣大道寺盛昌《だいどうじもりまさ》*を河越に配するなどして事なきをえた氏康ではあったが、相次ぐ肉親の死は大きな痛手であった。翌年以降、叔父の幻庵宗哲《げんあんそうてつ》が武蔵小机領の支配などに関与しているのは、残された数少ない肉親の一人として、新当主氏康を支えるためにほかならない。

四面楚歌　氏綱の没後間もない天文一〇年（一五四一）一〇月、山内上杉憲政・扇谷上杉朝定が武蔵河越城に来襲した。守備兵はよく凌《しの》ぎ、一一月には反撃に転じて、憲政の本拠地上野との国境に近い武蔵本庄《ほんじょう》（埼玉県本庄市）まで進んだ。

次いで同一三年四月、氏康は古河公方足利晴氏に従い憲政の本拠地上野に向け進軍する。前年三月、晴氏と氏康の姉妹芳春院殿との間に義氏《よしうじ》*が誕生、一一月には氏康が晴氏の重臣簗田高助《やなだたかすけ》*への支援などを約する起請文《きしょうもん》*をしたためており、公方家との関係は平穏に経過していたようだ。ただこの時は荒川端《あらかわ》で憲政方に手痛い敗北を喫し、両上杉軍の追撃を受けて晴氏ともどもかなり危機的な状況に追い込まれたらしい。憲政・朝定との抗争は、いまだ一進一退の状況にあったといえよう。

天文一二年頃に再燃した上総武田家の内訌を機に里見義堯との対立も激化した。今回の内訌は、同九年の信隆死去後に家督を継承した信応のもと、一族の信秋《のぶあき》*が義堯、朝信《とものぶ》*が氏康と結び抗争したものらしい。この過程で義堯は上総久留里《くるり》（千葉県君津市）・佐貫《さぬき》（同富津市）、氏康は峯上《みねがみ》（同）・金谷《かなや》（同）などを接収している。

西方の今川義元との間では目立った衝突などは起きていないが、義元は虎視眈々

---

* **大道寺盛昌**　?。北条氏家臣。鎌倉代官、武蔵河越城代。

* **足利義氏**　一五四三〜八二。五代古河公方。晴氏の子。母は氏綱の娘芳春院殿。氏康の甥。

* **簗田高助**　一四九三〜一五五〇。下総の国衆。関宿城主。古河公方足利氏家宰。政助の子。

* **起請文**　神々に特定の誓いを立てる文書。

* **武田信秋**　?〜一五四九。武田（上総真里谷）一族。佐貫城主。信清の弟か。

* **武田朝信**　?〜一五四四?。武田（上総真里谷）一族。小田喜城主。信隆・信応の従兄弟か。

と駿河河東奪還の機会を窺っており、富士川周辺の国境線は緊迫した状況にあった。ただ天文一三年正月、氏康が武田信虎の後継で義元と結ぶ信玄と盟約したことは、両者の関係改善に向けた大きな布石となる。それは、同一〇年七月頃から信濃佐久《さく》郡で憲政と衝突していた信玄と氏康との利害の一致がもたらした結果であった。

河越合戦　天文一四年（一五四五）春から、氏康はふたたび山内上杉憲政・扇谷上杉朝定らへの攻勢を強め、五月には武蔵忍《おし》城（埼玉県行田市）の成田長泰《なりたながやす》*を服属させた。

これに対し憲政らは、足利晴氏に支持を求める一方、今川義元と連携して東西から氏康を挟撃しようと画策する。幕府の復権に向け、諸大名の支援を期待する将軍足利義晴《よしはる》*は、六月に関白近衛稙家《たねいえ》*を通じ、七月には聖護院道増《しょうごいんどうぞう》*を義元のもとに下して、両者の講和を斡旋させたが実らなかった。

七月、義元は駿府を出陣、九月に北条方の拠点吉原《よしわら》城（静岡県富士市）を攻略し、次いで長久保《ながくぼ》城（同長泉町）を囲む。氏康も駿河に入るが、武田信玄が大石寺《たいせきじ》（同富士宮市）へ着陣すると伊豆三島《みしま》（同三島市）に退却した。

一方の憲政・朝定は九月頃に綱成や大道寺盛昌らの守る武蔵河越城を包囲し、足利晴氏も一〇月初旬までに憲政らと合流する。氏康は、自身にも憲政にも加担しないよう晴氏に求めていたが叶わなかった。

かくして氏康が存亡の危機に直面するなか、九月以降、氏康と義元・憲政との和

---

* **成田長泰**　?〜一五七三。武蔵の国衆。忍城主。北条氏他国衆。親泰の子。
* **足利義晴**　一五一一〜五〇。一二代将軍。義澄の子。将軍在位は大永元〜天文一五年。
* **近衛稙家**　一五〇三〜六六。関白・太政大臣・准三后。尚通の子。氏綱・将軍足利義晴の義兄弟。
* **道増**　一五〇八〜七一。近衛尚通の子、稙家の弟。

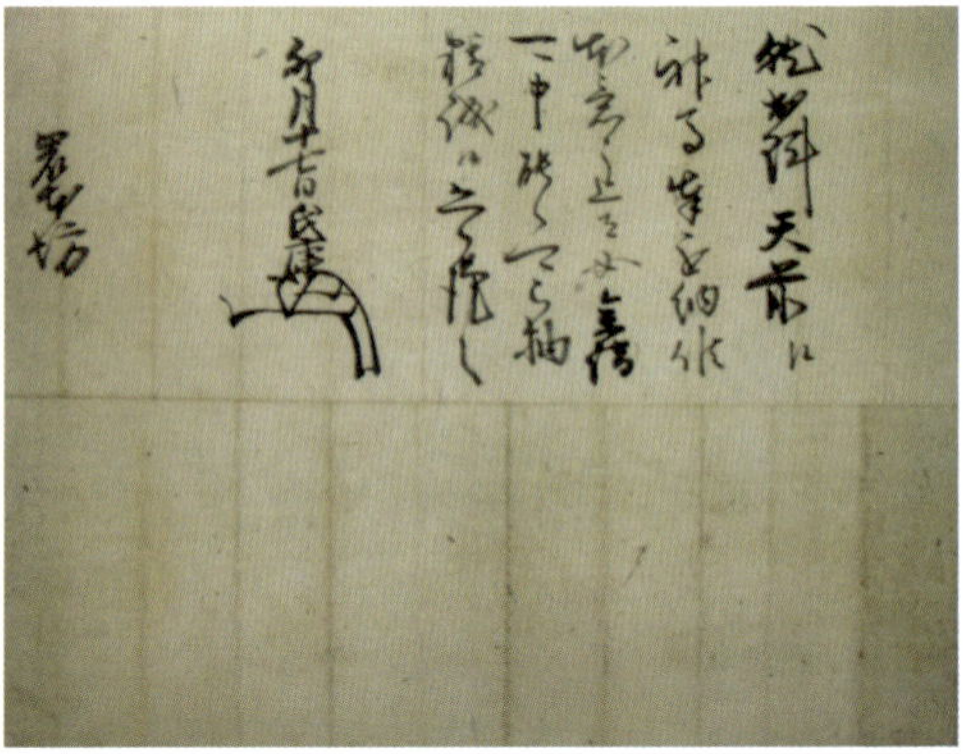

河越進軍途上の氏康が江嶋弁財天に戦勝祈願を依頼した書状〔天文15年4月〕 個人蔵、藤沢市文書館寄託

睦仲介に動いたのが信玄である。交渉は駒井高白斎《こまいこうはくさい》＊らによって進められ、その結果氏康は、一一月六日、長久保城を開き駿河河東から撤収して義元と講和する。河越城の明渡しを条件に進められた憲政らとの交渉は不調に終わったものの、これによる戦線の縮小は氏康有利に働いた。年を越えて河越包囲が長期化するなか、氏康は包囲軍の調略を進めるなどして反撃の機会を待った。

　天文一五年四月、氏康は急速に河越支援の軍を起こす。岩付城の太田全鑑《おおたぜんかん》＊の来属《らいぞく》などが契機となったようだ。出陣は中旬頃。途中一七日、江嶋《えのしま》弁財天（神奈川県藤沢市）に戦勝を祈願すると、同二〇日には河越近くの砂久保《すなくぼ》に着陣し、即日包囲軍との合戦となった。

　勝利したのは氏康で、憲政は上野平井《ひらい》城（群馬県藤岡市）に逃亡、晴氏は古河城へ退去し、朝定は討死した。余勢を駆って氏康は松山城も攻略している。史上に名高い河越合戦は、まれに見る逆転勝利であった。

平井攻略

河越合戦以降、太田全鑑のほか武蔵花園《はなぞの》城（埼玉県寄居町）の藤田《ふじた》泰《やす》

＊ **駒井高白斎**　?。武田氏家臣。信虎・信玄に近侍。「甲陽日記（高白斎記）」の記者とされる。

＊ **太田全鑑**　?～一五四六。武蔵の国衆。岩付城主。資頼の子。全鑑は法名、実名は資時また資顕ともいう。

邦《くに》*、深谷《ふかや》城（同深谷市）の庁鼻和《こばなわ》上杉憲賢《のりかた》*ら、これまで山内上杉憲政らに従ってさた武蔵の有力国衆が相次いで氏康に属す。このうち全鑑の弟資正《すけまさ》*は天文一五年（一五四六）九月に松山城を奪い、全鑑没後の翌年一二月には岩付城を攻略して氏康に抵抗したが、翌月氏康は、資正を屈服させ再度松山を接収している。

一方、天文一〇年以降、信濃への勢力拡大を図っていた憲政は、同一六年八月、信玄の猛攻に晒されていた信濃志賀《しが》城（長野県佐久市）の笠原清繁《かさはらきよしげ》*を支援すべく軍を起こしたものの、小田井原《おだいはら》（同御代田町）で武田軍に大敗を喫する。翌年二月、対信玄戦略で一致する村上義清《よしきよ》*らと結んだ上信同盟も、有利に働くことはなく、同年一〇月には上野国峰《くにみね》城（群馬県甘楽町）の小幡憲重《おばたのりしげ》*が信玄に通じるなど、膝下《しっか》の上野にさえ信玄の勢力浸透を許す状況となっていた。

平井城址

氏康が憲政の本拠平井城への攻撃に着手したのは、天文一九年一一月。同二一年三月には激戦の末、憲政方の安保泰忠《あぼやすただ》*の拠る武蔵御岳《みたけ》城（埼玉県神川町）を落とし、憲政の嫡子龍若丸《たつわかまる》*の身柄を拘束した。すると上野赤石《あかいし》城（群馬県伊勢崎市）の那波宗俊《なわむねとし》*や利根川以西の山内上杉方

---

* **藤田泰邦**　?〜一五五五。武蔵の国衆。花園城主。業繁の子。娘の大福御前は氏康の子氏邦の妻。
* **庁鼻和上杉憲賢**　?〜一五六〇。武蔵の国衆。深谷城主。憲清の子。
* **太田資正**　一五二二〜九一。武蔵の国衆。岩付城主。北条氏他国衆。資頼の子。
* **笠原清繁**　?〜一五四七。信濃の国衆。志賀城主。
* **村上義清**　一五〇一?〜七三。村上氏（信濃坂木）当主。のち上杉謙信を頼って越後に移り根知城主。
* **小幡憲重**　?。上野の国衆。国峰城主。顕高の子。
* **安保泰忠**　?。武蔵の国衆。御岳城主。氏泰の甥。
* **山内上杉龍若丸**　?〜一五五二。天文二三年伊豆で誅されたという。
* **那波宗俊**　?。上野の国衆。赤石城主。

国衆が氏康方に転じ、これ見た憲政の近臣は、憲政を平井から追出して城を氏康に明け渡す。

憲政はしばし上野に踏みとどまるが、五月、越後に逃れ上杉謙信《うえすぎけんしん》*を頼った。相前後して箕輪《みのわ》城（群馬県高崎市）の長野業正《ながのなりまさ》*、安中《あんなか》城（同安中市）の安中長繁《あんなかながしげ》*、館林《たてばやし》城（同館林市）の赤井文六《あかいぶんろく》*らも氏康に属したと見られる。

天文二一年七月、憲政は謙信の支援を得て上野に侵攻した。金山《かなやま》城（群馬県太田市）の由良成繁《ゆらなりしげ》*、下野足利《あしかが》城（栃木県足利市）の長尾景長《かげなが》*らが同調した。しかし、関東への復帰はならず、由良らも弘治二年（一五五六）一一月までに氏康に従う。次いで氏康は、永禄二年（一五五九）八月までに上野沼田《ぬまた》城（群馬県沼田市）を接収して一族の康元《やすもと》*を置き、相前後して同白井《しろい》城（同渋川市）の長尾憲景《のりかげ》*、同岩下《いわした》城（同東吾妻町）の斎藤越前守《えちぜんのかみ》*らを服属させた。

古河公方足利義氏

平井攻略を目前に控えた天文二〇年（一五五一）一二月、氏康は、足利晴氏の側近簗田晴助《やなだはるすけ》*に起請文を呈し、晴氏に忠誠を尽くすことなどを誓約していた。これが奏功したのか、氏康の平井攻めにさいし、晴氏が憲政を支援した形跡はない。ただ河越合戦以降、両者の関係はもはや修復しがたいまでに冷却化していた。

天文二一年一二月、氏康は晴氏に迫り、後継の藤氏《ふじうじ》*を廃して自身の甥義氏に公方位を継承させた。すでに下総葛西城に座所を定めていた義氏は、翌年三月、公方と

---

* **上杉謙信**　一五三〇～七八。上杉（長尾）氏当主。為景の子。謙信は法名、実名は景虎次いで政虎・輝虎。
* **長野業正**　?～一五六一。上野の国衆。箕輪城主。憲業の子。
* **安中長繁**　?。上野の国衆。安中城主。顕繁の子か。
* **赤井文六**　?。上野の国衆。館林城主。
* **由良成繁**　一五〇六～七八。上野の国衆。金山城主。泰繁の子。
* **長尾景長**　一五二七～六九。下野の国衆。足利城主。憲長の子。初名当長。永禄五年上野館林城に本拠を移す。
* **北条康元**　?。北条一族。綱成の子。永禄元年頃上野の国衆沼田氏の家督を継承。氏秀と同一人物ともいう。
* **長尾憲景**　?。上野の国

しての活動を開始する。血縁で結ばれた両者の関係は良好で、これを機に氏康は、氏綱以来の実質的な関東管領としての地位を確固たるものとした。

先代の晴氏も一度は義氏に従い葛西城に移った。しかし本意ではなかったのであろう。天文二三年七月、藤氏とともに古河城で蜂起《ほうき》して敗れ、政治生命を終える。その後は氏康と和解し、永禄三年（一五六〇）五月、保護を受けていた野田氏の居城下総栗橋《くりはし》城（茨城県五霞町）に近い栗橋島で病没した。

房総への進出　天文一四年（一五四五）、氏康と里見義堯の間で講和交渉が進められていた。氏康の攻勢に義堯が屈する意向を示していたようだが、義堯と対立する武田信応の氏康への働きかけにより実現していない。それゆえか義堯は、翌年の河越合戦前後、前年氏康に奪われた上総金谷などの奪還に動いたようだ。

天文一六年九月、氏康は攻勢に転じ、上総峯上城などを拠点として、義堯の本拠の一つ佐貫城を攻めた。次いで同二一年、武田信応が死去すると、上総中西部に展開していたその旧領を接収し、翌年六月には義堯配下の正木弥五郎《まさきやごろう》*を従属下に置く。そして翌年三月頃までに佐貫、弘治元年（一五五五）九月頃には、ふたたび金谷を攻略した。同じ頃、下総小金《こがね》城（千葉県松戸市）の高城胤吉《たかぎたねよし》*も来属し、氏康は義堯に対しても、圧倒的に優位な立場にたつ。

甲相駿三国同盟　天文二二年（一五五三）四月、武田信玄が村上義清の本拠信濃葛尾《かつらお》城（長野県坂城町）を攻略した。八月、憲政と同様に義清も上杉謙信を頼っ

衆。白井城主。惣社長尾顕景の子。憲長の娘婿。

* **斎藤越前守**　?。上野の国衆。岩下城主。
* **簗田晴助**　一五二四〜九四。下総の国衆。関宿城主。古河公方足利氏家宰。高助の子。
* **足利藤氏**　?。晴氏の子、義氏の異母兄。
* **正木弥五郎**　?。安房・上総の国衆。「小田原衆所領役帳」に他国衆として所見される兵部太輔か。
* **高城胤吉**　?。下総の国衆。小金城主。北条氏他国衆。胤忠の子。

武田信玄　持明院蔵

て越後へ逃れ、九月には謙信が信濃更級《さらしな》・埴科《はにしな》方面で信玄と対峙する。ともに謙信と対抗するかたちとなった氏康と信玄には、さらなる結束が求められていた。他方、天文一四年一一月に氏康から駿河河東を奪還した今川義元は、翌年の冬以降、三河の攻略に着手していた。今川家発祥の地、三河の領国化は義元の宿願であり、これを進めるには、後背にある氏康との関係を安定させる必要があった。

こうして三氏の間に結束に向けた機運が高まるなか、天文二一年一一月、義元の娘嶺松院《れいしょういん》殿*が信玄の嫡子義信《よしのぶ》*に嫁す。義元の妻となっていた信玄の姉定恵院殿が同一九年六月に死去しており、それは両家の新たな結束を期したものであった。次いで同二二年初頭、氏康と信玄があらためて誓詞を交わし、翌年一二月には信玄の娘黄梅院殿が氏康の嫡子氏政に輿入れする。これも従来の盟約の確認である。

難航したのは氏康・義元間の交渉だ。天文一七年三月、尾張の織田信秀《おだのぶひで》*に義元との関係を問われた氏康が「近年（天文一四年）に一和《いちわ》を遂げたが、義元の疑心はやまず迷惑」（「古証文」）と返答しているように、両者の関係はいまだ険悪だった。そ

---

* 嶺松院殿　?～一六一二。法名貞春。母は定恵院殿。永禄一〇年一〇月の義信没後、氏康の仲介で駿府に帰る。
* 武田義信　一五三八～六七。武田一族。信玄の子。
* 織田信秀　一五一一～五二。織田氏当主。信長の父。

れでも同二三年七月、氏康の娘蔵春院《ぞうしゅんいん》殿*が義元の嫡子氏真《うじざね》*に嫁しているのは、信玄の根気強い働きかけがあってのことにちがいない。なおこれ以前、氏康が氏規を駿府に送ったのも、この婚姻に関わるものという。氏規は永禄五年（一五六二）頃まで駿府にあり、徳川家康と人質生活をともにした。二人の出会いは、氏政以降の外交戦略の展開などに、大きな影響を与えることとなる。

絶頂期の様相

古河公方足利義氏は、弘治元年（一五五五）一一月に元服し、永禄元年（一五五八）二月、正五位下左馬頭《さまのかみ》、翌年三月、従四位下右兵衛佐《うひょうえのすけ》に叙された。

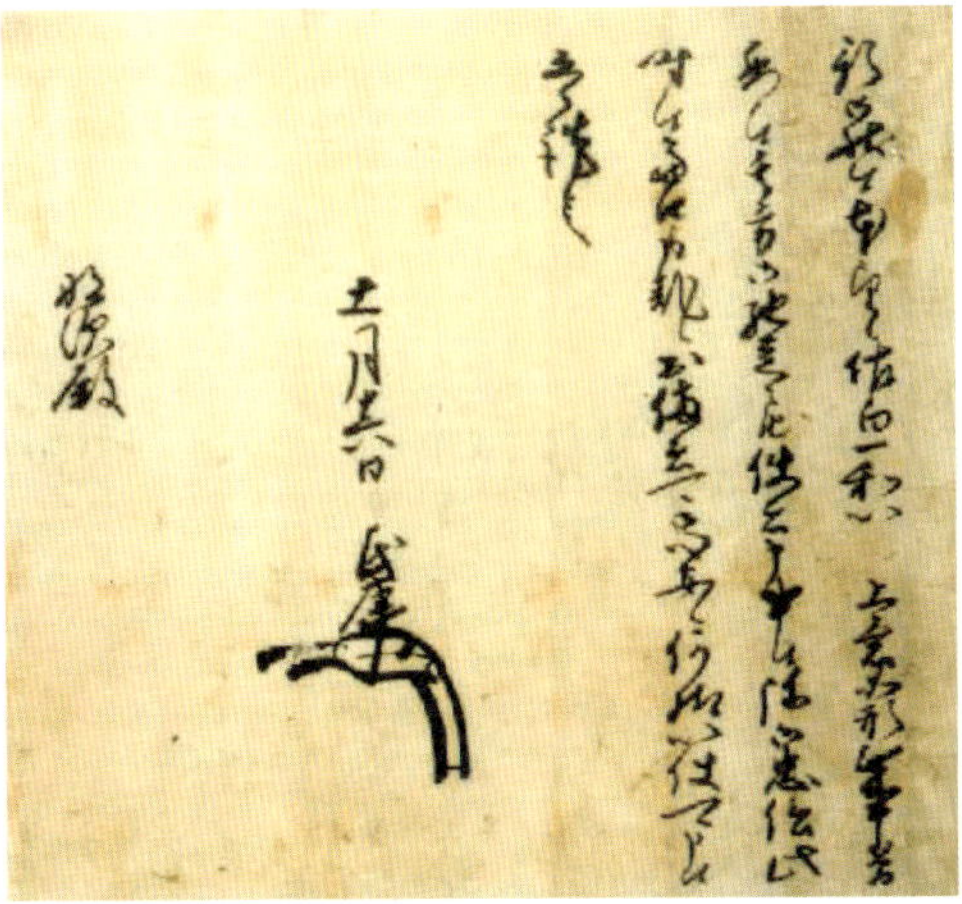

那須資胤に佐竹・白川両氏の和睦への協力を求めた氏康の書状〔永禄３年11月〕　栃木県立博物館蔵

永禄元年三月、義氏は関東の支配者としての自らの権威を示すべく鶴岡八幡宮に参詣し、次いで小田原の氏康館を訪問して氏康との一体感をアピールした。いうまでもなく義氏を支える氏康の意向に沿って進められたものである。しかし義氏元服に当たり下総の結《ゆう》城《き》政勝《まさかつ》*ら、鶴岡参詣にさいしても下野の小山秀綱《おやまひでつな》*らが祝意を表しているように、下総北部から下野・常陸など、関

＊蔵春院殿　?～一六一三。早川殿。母は瑞渓院殿。

＊今川氏真　一五三八～一六一四。今川氏当主。義元の子。氏政の義兄弟。

＊結城政勝　一五〇四～五九。結城氏当主。政朝の子。

＊小山秀綱　?。小山氏当主。高朝の子、結城政勝の甥。初名氏朝次いで氏秀。

東の北東部に蟠踞《ばんきょ》する有力諸氏の多くは、これを鎌倉府以来の伝統に彩られた公方権威そのものの発現と認めざるをえなかった。

その義氏の意向を踏まえ、氏康は、弘治二年四月、下総の結城政勝を支援して常陸の小田氏治《おだうじはる》*を討ち、翌年一二月には下野の宇都宮広綱《うつのみやひろつな》*と壬生綱雄《みぶつなかつ》*の抗争に介入して綱雄を誅す。壬生攻めのさい、綱雄と親交のあった常陸の佐竹義昭《さたけよしあき》*、下野の那須《なす》資胤《すけたね》*が中立を保ったのも義氏の威光ゆえのことであろう。また永禄三年九月から一一月にかけては、佐竹義昭と陸奥の白川晴綱《しらかわはるつな》*との紛争解決に動いている。義氏の権威は、儀礼的な側面にとどまらず、政治・軍事の面で彼らを統制する上でも有効に作用していた。永禄元年八月、氏康が義氏の座所を下総葛西城から北方の関宿城に移したのも、そのさらなる発揚を期してのことであろう。

かくして弘治年間頃までに、関東における氏康の地位は絶頂に達した。永禄三年初頭「一代の内、横合いなき時、身を退くは聖人の教え」〔安房妙本寺文書〕と家督を氏政に譲っているのは、氏康自身そうした認識を有していたことを示している。

氏綱・氏康と幕府

氏綱の家督継承当時、宗瑞と連携のあった足利義稙が将軍に在位していた。次いで大永元年（一五二一）一二月、やはり宗瑞と連絡のあった義澄の子、義晴が将軍位につく。関白近衛尚通の娘慶寿院《けいじゅいん》殿を妻とする義晴は氏綱の義兄弟。天文八年（一五三九）六月には、自身への忠節を約した氏綱・氏康に大鷹などを下し、大永七年一〇月にも、義晴を支える管領細川高国《ほそかわたかくに》*が箱根権現別当の

---

* **小田氏治**　一五三一〜一六〇一。常陸の国衆。小田城主。政治の子。
* **宇都宮広綱**　一五四五〜八〇。宇都宮氏当主。尚綱の子。
* **壬生綱雄**　?〜一五六二。下野の国衆。壬生城主。綱房の子。
* **佐竹義昭**　一五三一〜六五。佐竹氏当主。義篤の子。初名義従。
* **那須資胤**　?。那須氏当主。政資の子。
* **白川晴綱**　一五二〇〜七三。白川氏当主。義綱の子。初名直広次いで晴広。
* **細川高国**　一四八四〜一五三一。管領、摂津・丹波・讃岐・土佐の守護。政春の子。管領在職は永正四〜大永五年。大永元年七月

幻庵宗哲と交信している。

天文三年から七年頃にかけて、伊勢《いせ》貞辰《さだとき》*・貞就《さだなり》*の父子、宗瑞の義父小笠原政清の孫に当たる元続《もとつぐ》*、大和《やまと》晴統《はるむね》*ら義晴麾下《きか》の幕臣が小田原に下向し、氏康時代の永禄一年（一五五九）までに家臣として編成されている事実も注目されよう。某年七月二日（おそらく天文七年）、政所代蜷川親俊《にながわちかとし》に宛てた書状で氏綱は、政所執事伊勢貞孝《さだたか》からの音信に応え「詳しいことは（伊勢）貞就・小笠原兵部（元続）へ申し含めてある」〔蜷川家古文書〕と伝えている。大永七年一〇月の幻庵宗哲宛細川高国書状にも「小笠原兵部（元続）が演説する」〔箱根神社文書〕と書き添えられていた。彼らが氏綱・氏康と幕府との交信に関与していたことはまちがいない。氏康はまた義晴の後継義輝《よしてる》*とも連絡があり、天文二三年六月、内談衆大館晴光《おおだちはるみつ》*に嫡子氏政を義輝の相伴衆《しょうばんしゅう》に加えるよう求めていた。義輝も氏康を重視し、永禄元年九月には京都帰還のための支援を氏康に要請するなどしている。

氏康の花押は、足利様と呼ばれる歴代将軍の形に類似している。甥の古河公方足利義氏も元服にさいして義輝から「義」の一字を拝領し、永禄七年八月には花押を義輝の類似形に改めていた*。両者の将軍権威への傾倒ぶりとともに、その権力強化も幕府と連携するかたちで進められたことが窺える。

朝廷・公家との交流

氏綱時代の天文二年（一五三三）六月、後奈良《ごなら》天皇の勅使として内大臣勧修寺《かじゅうじ》尹豊《ただとよ》*が小田原に下った。目的は禁裏御料所《きんりごしょうしょ》*伊豆仁科《にしな》郷

義晴を将軍に擁立。

* **伊勢貞辰**　?。奉公衆。北条氏御家中衆。貞職の子、貞孝の父。天文三年六月以前、将軍足利義晴の使者として小田原に下向。

* **伊勢貞就**　?。北条氏御家中衆。

* **小笠原元続**　?。奉公衆。北条氏御家中衆。氏綱の従兄弟。小田原への下向は天文七年七月以前。

* **大和晴統**　?。奉公衆。北条氏御家中衆。伊勢貞辰とともに小田原に下向。

* **足利義輝**　一五三六～六五。一三代将軍。義晴の子。初名義藤。将軍在位は天文一五～永禄八年。

* **大館晴光**　?。尚氏の子。

* 将軍足利義輝（上）と義氏（下）の花押

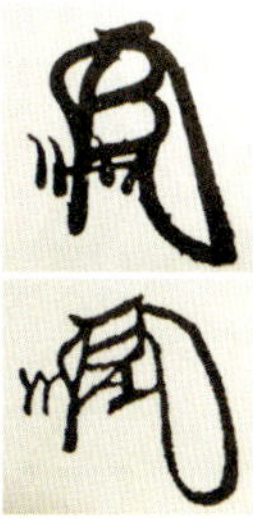

* **勧修寺尹豊**　一五〇三～

コラム

幻庵宗哲の生涯

大永二年（一五二二）、近江三井寺《みいでら》（滋賀県大津市）の上光院に入った幻庵宗哲は、同四年に出家したのち箱根権現別当に就任し、天文三年（一五三四）から同七年まで同職にあった。はじめ法名長綱《ちょうこう》を称したが、同五年からは宗哲の法名も用い、同末年以降はもっぱら宗哲と称している。

天文一〇年五月の為昌死去後は、僧籍のまま武蔵小机領を継承するなど、家中において氏康に次ぐ枢要な地位を占めた。同一二年を初見とする「静意」印判の使用は、こうした宗哲の地位と役割を踏まえたものと解される。その後永禄三年（一五六〇）初頭、氏康が退隠すると、宗哲も小机領を嫡子三郎に譲与し「静意」印判を封印して退隠した。しかし三郎次いで次子氏信《うじのぶ》が死去し、養子とした氏康の子三郎も越相同盟《えっそうどうめい》にともない越後に赴くと、氏康の子氏光《うじみつ》に娘を嫁がせて小机領を継承させる。そして自らも「静意」印判を新調して氏信の遺児氏隆《うじたか》を後見し、天正一〇年（一五八二）頃、氏隆の成長を見て、ふたたび第一線を退いた。没年月日は天正一七年一一月一日、行年は九七という。小田原城にほど近い久野《くの》の字《あざ》幻庵屋敷に居館址があり、土塁《どるい》や苑池、宗哲廟と伝える祠が残されている。

家中随一の文化人・教養人とされ、吉良氏朝《きらうじとも》に嫁ぐ娘靏松院《かくしょういん》に書き与えた「北条幻庵覚書《おぼえがき》」は当時の婚姻儀礼などを伝える史料として名高い。また和歌・連歌《れんが》をよくし古典の収集にも熱心であった。「北条五代記」によれば鞍・弓、一節切《ひとよぎり》などの製作に長け、作庭にも才を発揮したという。

（静岡県西伊豆町）の年貢催促。当時「未曾有のこと」（「実隆公記《さねたかこうき》」）といわれたこの勅使下向は、関東における氏綱のステイタスアップに大きく貢献したであろう。

その背景に、幕府のほか公家衆との交信があったことはまちがいない。事実氏綱は、公家のトップ関白近衛尚通、当代随一の教養人として知られる内大臣三条西《さんじょうにし》実隆《さねたか》*らと交流があった。それは政治的な交渉などと絡みつつも文化交流的な色彩が強く、京都の先進文化の地方都市小田原への伝播を促す要因の一つともなる。

近衛尚通との接触は、大永二年（一五二二）、尚通が定法寺公助大僧正《じょうほうじこうじょだいそうじょう》・青蓮《しょうれん》院尊鎮《いんそんちん》法親王とともに、氏綱が発注した「酒伝童子絵巻《しゅてんどうじえまき》」*の詞書《ことばがき》を認めたことを機縁としていたようだ。この絵巻を描いたのは幕府の画工狩野元信《かのうもとのぶ》*、翌年には氏綱から尚通への返礼送付を同朋衆《どうぼうしゅう》の相阿弥《そうあみ》*が取り次いでおり、その製作に幕府も関与していたことがまちがいない。その後享禄二年（一五二九）頃から、氏綱は尚通とじかに交信を始め、同四年頃には尚通娘の勝光院殿を後室に迎えるまでになっていた。天文元年一二月、鶴岡八幡宮造営のため奈良番匠《ばんしょう》らの下向を求める氏綱の要請に応え、尚通が弟の奈良興福寺一乗院良誉《りょうよ》に対応を指示しているのも二人の親密ぶりを示す事実であろう。

三条西実隆との交流の初見は享禄四年。氏綱は同年三月に「源氏物語」の書写、閏五月には先にふれた「酒伝童子絵巻」奥書《おくがき》の執筆を実隆に求めるなどしている。実隆はこの絵巻を「北藤絵」と称しており、氏綱はおそらく「北藤」と呼ばれた勝

九四。尚顕の子。

＊**禁裏御料所**　朝廷の直轄領。

＊**三条西実隆**　一四五五～一五三七。公保の子。初名公世次いで公延。宗祇より古今伝授を受ける。

＊**酒伝童子絵巻**　全三巻。源頼光による伊吹山酒伝（呑）童子の退治を描く。小田原合戦後、氏直の妻良正院殿が再嫁した池田家に伝来。

＊**狩野元信**　一四七六～一五五九。正信の子。狩野派の画風を大成。父正信は伊豆の出身ともいう。

＊**相阿弥**　?～一五二五。芸阿弥の子。水墨画をよくし書画などの管理・鑑定に当たる。宗瑞とも交流。

氏綱ゆかりの酒伝童子絵巻（部分）　サントリー美術館蔵

光院殿にこれを与えるさい、実隆に奥書を求めたのであろう。「源氏物語」の書写依頼を取り次いだのは、この頃の小田原滞在が知られ宗瑞や今川氏親とも交流が深かった連歌師宗長《そうちょう》*。京都の薬種商外郎《ういろう》氏*も両者の連絡に介在し、その被官とされる宇野定治《うのさだはる》*は、京都と小田原・駿府などを足しげく往復したのち小田原に定着した。

自ら小田原へ下向した公家も多く、歌道・蹴《け》鞠《まり》の師範、権大納言飛鳥井雅綱《あすかいまさつな》*は、大永五年五月に氏康、天文一八年一〇月には一族の西堂《せいどう》丸《まる》*・松千代丸《まつちよまる》*らに蹴鞠作法を伝授している。また権大納言冷泉為和《れいぜいためかず》*は、天文三年三月・同五年二月に小田原で氏康・為昌・幻庵宗哲ら、医家の丹波盛直《たんばもりなお》*も享禄年間頃、小田原に滞在し宗長や氏綱・氏康らと連歌会などを催していた。

氏康は氏綱没後も朝廷・公家との交流に積極的で、天文一一年には、弟の為昌ともども「貫《つら》

* **宗長**　一四四八～一五三二。駿河島田の出身。はじめ今川義忠に出仕、のち大徳寺四七世一休宗純に参禅し宗祇に師事。明応五年以降今川氏親に近侍。
* **外郎氏**　中国元朝の医師陳宗敬の後裔。透頂香の製造・販売で知られる。
* **宇野定治**　?～一五五六。北条氏家臣。御馬廻衆。陳祖田の子という。
* **飛鳥井雅綱**　一四八九～一五六三。雅俊の子。
* **北条西堂丸**　氏康の嫡子氏親の幼名とされる。
* **北条松千代丸**　氏康の次子氏政の幼名とされる。
* **冷泉為和**　一四八六～一五四九。為広の子。享禄四年駿河に下り今川氏の庇護を受ける。
* **丹波盛直**　一四九三～一五四八。刑部卿・典薬頭。錦小路を称す。秀直の子。相模在国中に死去。

之集《ゆきしゅう》」「源氏物語」などの書写を下された伏見宮貞敦《ふしみのみやさだあつ》親王に、返礼として「黄金拾両」（「貞敦親王御記」）を送っている。永禄一〇年（一五六七）一〇月、内大臣三条西実枝《さねき》*が小田原を訪問したさいは、自らその宿所を手配しているほどだ。

天文二三年二月、氏康が権大納言山科言継《やましなときつぐ》*に「源氏物語」の書写を求めたさい、これを仲介したのは継母勝光院殿の叔父聖護院道増であった。氏康の公家衆との交渉には彼女が関与していたようだ。天文一〇年末に勅使として伊豆に下った権大納言町資将《まちすけまさ》*も氏康と朝廷との交信などを仲介している。

三　民政への視座

宗瑞の遺訓

初代宗瑞は、伊豆侵攻に当たり、病に苦しんでいた領民に投薬して命を救うとともに、以後年貢を五公五民から四公六民に引き下げてそれ以外の役を一切停止《ちょうじ》し、これに背く領主があれば訴え出るように命じたという。宗瑞が足利茶々丸を自害に追い込んだ明応七年（一四九八）八月、伊豆一帯はマグニチュード八・二〜四の巨大地震と津波に襲われており、これはその被害に喘ぐ人々への救済措置を伝えるものとされる。

＊ **三条西実枝**　一五一一〜七九。公条の子、実隆の孫。初名実世次いで実澄。小田原のほかしばしば駿府へも下向。

＊ **山科言継**　一五〇七〜七九。言綱の子。養母の黒木方（中御門宣胤の娘）は今川氏親の妻寿桂尼の妹。

＊ **町資将**　一五一八〜五五。菅原章長の子。初名資雄。勅使としての下向の目的は伊豆禁裏御料所への年貢催促とされる。翌年六月には早雲寺を勅願所とする旨の後奈良天皇綸旨を奉じている。

宗瑞の事績に関しては、すでに江戸時代初期の段階で不明瞭となっており、この所伝にしても、どこまでが事実なのか判定は難しい。ただ後述するように後継の氏綱・氏康らに民政重視の政治姿勢が見られることは確かであった。

「早雲寺殿《そううんじでん》廿一箇条《にじゅういっかじょう》」に「只こころを直にやわらかに持ち、正直憲法にして、上たるをば敬い下たるをばあわれみ、あるをばあるとし、なきをばなきとし、ありのままなる心持ち、仏意冥慮《ぶついみょうりょ》にもかなうと見えたり」（第五条）とあるのは、「下たる」領民を憐れむことが人間の本性の一つであることを説いたものと見るべく、それが宗瑞の実践を支えるモットーに根差していたことはまちがいあるまい。善政を謳われる北条氏民政の原点もそこにあった。

虎印判の創案

二代氏綱は、家督継承直後の永正一五年（一五一八）一〇月、伊豆の御料所木負《きしょう》（静岡県沼津市）の百姓らに宛て、虎印判《とらいんぱん》*を捺した印判状を下した。そこでは年貢以外の各種公事《くじ》*は直接に虎印判をもって申し付ける、虎印判がなければ郡代《ぐんだい》*や代官の命令があっても応じてはならない、不法があれば直訴せよなど、郡代・代官らの中間搾取を排除する意向が表明されていた。先にふれた宗瑞の施策を彷彿とさせる面があろう。

虎印判は、この法度《はっと》の施行に合わせ、領内の御料所に対し、直接そして一度に多量の文書を下すために創案された。民政重視の政治姿勢を体現するアイテムといえよう。磨滅などによる改刻は認められるものの、以後氏康・氏政・氏直と四代七〇

---

* **虎印判**　北条氏の家印。「禄寿応穏」の四文字を刻む七五ミリ四方の二重郭方印の上部に虎の横たわる意匠をあしらう。

* **公事**　年貢以外の付加税。北条領では反銭・懸銭・棟別銭と夫役などが主体。

* **郡代**　郡の領域支配者。

コラム

「調」の印判

虎印判とほぼ同時に、氏綱は印文「調」の印判（二五ミリ四方の二重郭方印）を創案した。永正一五年（一五一八）一〇月、配下の後藤繁能《ごとうしげよし》・関時長《せきときなが》が鎌倉在住の鍛冶に対し「用の子細がある時はこの印判で申付ける、自分（後藤ら）の花押を加える」（福本文書）と伝えた書下《かきくだし》の袖《そで》に押されているのが初見である。奉行《ぶぎょう》らによる恣意的な職人の徴発を防止するのが目的であり、そこには虎印判と共通する機能を認めることができる。

ただ以後「調」印判による職人徴発の事例は見当たらず、それは過所《かしょ》（関所手形）、次いで続紙《つぎがみ》の継目《つぎめ》、口上の覚《おぼえ》などに押されるようになる。職人の徴発方式に変化が生じたためであろう。一つは氏康による公用《くよう》使役制の採用。職人を使役するさい、年間三〇日は一日一七文の公用、これを超える場合は一日五〇文の作料を支給するもので、弘治元年（一五五五）三月以降に確認される。「小田原衆所領役帳《おだわらしゅうしょりょうやくちょう》」に掲げられる職人衆のように、当主から知行を与えられ被官化した職人もあった。

「調」印判

当初奉行らを介して当主と間接的に結ばれていた職人は、氏康時代までに当主と直接的な従属関係を結ぶようになり、その動員も必然的に虎印判状で行なわれることとなったのであろう。

年以上に渡り襲用され、その用途も、家臣・寺社の知行地《ちぎょうち》からの公事徴収、職人の統制などに拡大されてゆく。それはまた北条一族や家臣をはじめ、武田氏・上杉氏ら近隣の諸大名における印判使用の起点ともなり、斬新な意匠なども相まって、わが国印判史上の画期をなすものと評されている。

税制の整備　五代のなかでも、とりわけ名将の誉れ高いのが氏康だ。それは河越合戦など軍事面での活躍はむろん、民政への取組も評価したものであろう。代表例は税制の整備。北条氏は初代宗瑞以来、家臣らの知行地を含む検地の実施を前提に、ほぼ田は一反《たん》五〇〇文、畑は一反一六五文の換算値で村ごとに貫高《かんだか》*を算定し、これを基準に年貢額を確定する施策を進めたが、氏康は、天文一一年（一五四二）から翌年にかけて伊豆・相模と武蔵南部、弘治元年（一五五五）には武蔵北部の広域で検地を行ない、一気にこれを領国の主要部分に押し広げた。

次いで天文一九年四月、従来領主によって恣意的に徴収されてきた雑多な公事を、貫高に基づく懸銭《かけせん》*に整理する税制改革を断行したのを皮切に、反銭《たんせん》*や夫役《ぶやく》などについても貫高を基準に賦課する仕組を整える。それは前年四月に発生した巨大地震に起因するという「国中諸郡退転《たいてん》」〔剣持文書他〕、つまり全領国的な規模の農村荒廃状況に対応するかたちで進められた。

ただ、氏康が懸銭・反銭、さらには年貢についても銭貨、しかも質の良い精銭《せいせん》*での納入を求めたことは、新たな問題を惹き起こした。鉄砲などの兵器調達、多額の

＊**貫高**　田畑を銭の額で秤量した数値。

＊**懸銭**　畑への付加税。天文一九年の税制改革で設定された新税で税率は畑の貫高の六％。

＊**反銭**　田への付加税。税率は田の貫高の八％。

＊**精銭**　摩滅や破損などの度合いが小さい銭貨。これに対し破損などの激しいも

礼銭などを要した朝廷や幕府・公家衆との交渉、慢性的な不足状況にあった兵粮《ひょうろう》米《まい》の確保などのため、氏康が膨大な銭貨を要したことはまちがいなく、銭納は、これを確保するための合理的な方策といえた。しかし銭納のための百姓らによる生産品の市場投下の拡大は、弘治三年の気候不順を機に、永禄一〇年（一五六七）頃まで、北条領国の広域を襲ったと見られる飢餓と相まって撰銭《えりぜに》*を深刻化させ、商機に通じない百姓らをさまざまな形で債務関係に取込んでゆく。

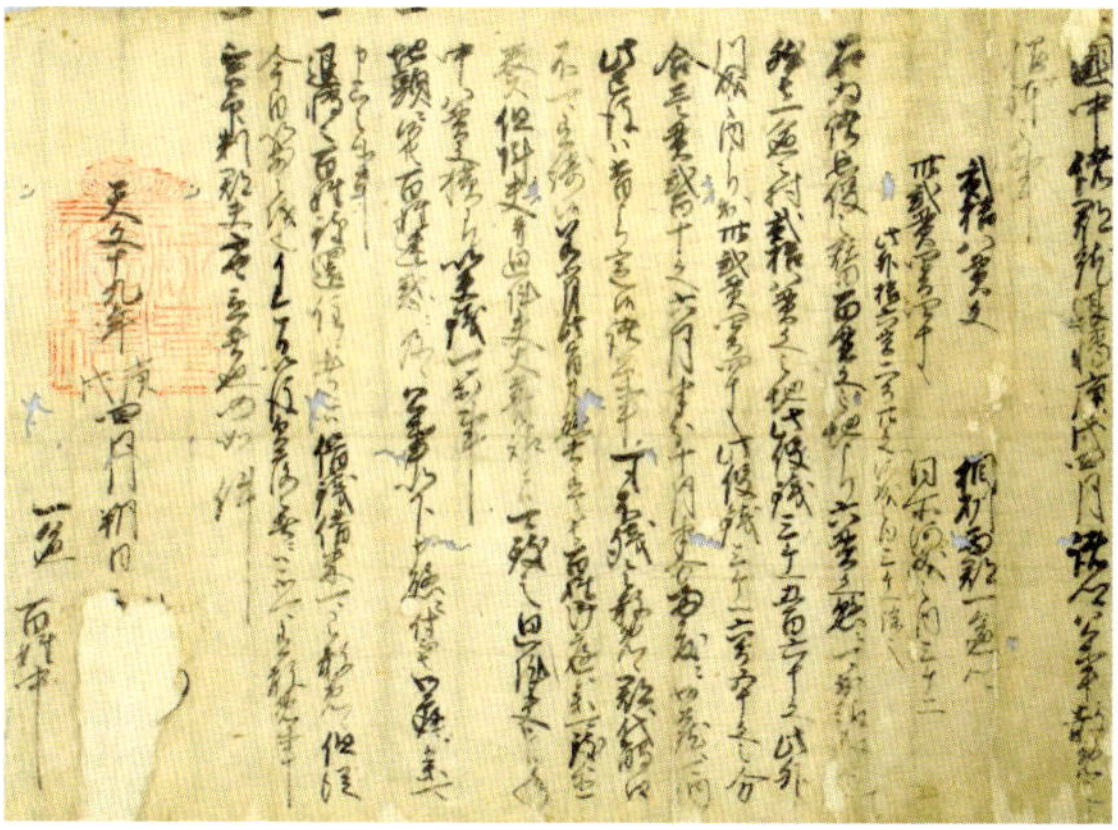
税制改革を伝える虎印判状〔天文19年４月〕　小田原市立図書館蔵

永禄元年以降、氏康が撰銭への本格的な対応を進め、同三年二月から三月にかけて施行した徳政令《とくせいれい》で、百姓らの借銭などの破棄、年期売《ねんきうり》*された妻子・下人《げにん》の返還などとともに、秋に納める年貢のうち半分を米納とすることを認めたのも、そうした状況を踏まえてのことであった。うちつづく戦乱と飢饉の中、この徳政令は氏康に代わる新当主氏政の代始めの施策というかたちで行なわれた。

北条領における年貢などの貢租は、以

のを悪銭、中程度のものを中銭・地悪銭と称した。

＊ 撰銭　悪銭などを捨て精銭を選び取ること。

＊ 年期売　期間を定めて売却すること。

後同年代末頃までに銭納《せんのう》から現物納へと転換する。課税基準の設定といい、現物納の採用といい、氏康による税制の整備は、税を負担する村々の再建と密接に関連しながら進められた。

中間搾取などの排除

貫高で表示される貢租の現物納は、貫高と米穀など現物の換算率＝納法の操作による水増し収納を横行させた。同じ税額でも安価なほど現物の収納量は増加するから、収納側の領主や代官は、より安値による換算を標榜したのである。不正な枡《ます》の使用も見られた。当時は同じ一升でも実際の分量の異なる枡が存在し、収納側はより大きな枡で計量することで、実質的な増益が可能であった。

百姓がこれに反発したことはいうまでもない。そこで氏康は、市場価格を勘案し年ごとに納法を公定するとともに、榛原枡《はいばらます》*を年貢計量などのさいの公定枡とすることとした。さらに収納時の計量を百姓側が行なうこと、枡に米穀を山盛りにせず平らにして計量することを定め、収納者側に不法があれば訴状を呈するよう百姓に奨励するなど、収納現場における氏康の百姓側への配慮は、実にきめ細かい。

並行して収納者側では小代官《こだいかん》、納入者側では名主《みょうしゅ》らを主体とする税の収取機構も整備される。貢租の着実な収納のため、代官・領主による中間搾取などの不正は、何としても排除されなくてはならなかった。

市場の振興

「北条五代記」は、天文一九年（一五五〇）に氏康が「銭にはいろ

＊ 榛原枡　遠江榛原郡方面で起こった枡。容量は現在の枡より若干大きく一升＝一升一合五勺ほど。

コラム

悪貨対策

天文一九年（一五五〇）閏五月、氏康が相模磯辺《いそべ》郷（神奈川県相模原市）に懸銭の納入を命じた配符《はいふ》には「御法度の四種の悪銭《あくせん》が一銭でもあれば曲事《くせごと》」（磯辺郷文書）とある。当時の流通銭には「大かけ・大ひびき・打ひらめ」（井田文書）など精銭並の価値を認められない悪貨が含まれており、それは税の実質的減収をもたらしたため、撰銭により悪銭による納税を禁じたのである。

他方、比較的破損の軽い地悪銭《じあくせん》については、一定の比率のもと精銭と等価で使用させることとした。ただ永禄元年（一五五八）に「百文のうち一〇銭・二〇銭は混ざってもよいが、三〇銭もあれば曲事」（井田文書）とされたその比率は、翌二年には七・五対二・五、さらに三年には七対三と緩和の一途を辿る。

同二年には、これを市中の売買にも適用したが、地悪銭の使用比率を抑えることは困難で、永禄三年以降は年貢・公事の現物納化が進む。銭貨の使用も、同七年には市中売買を含め精銭に限定されることとなった。

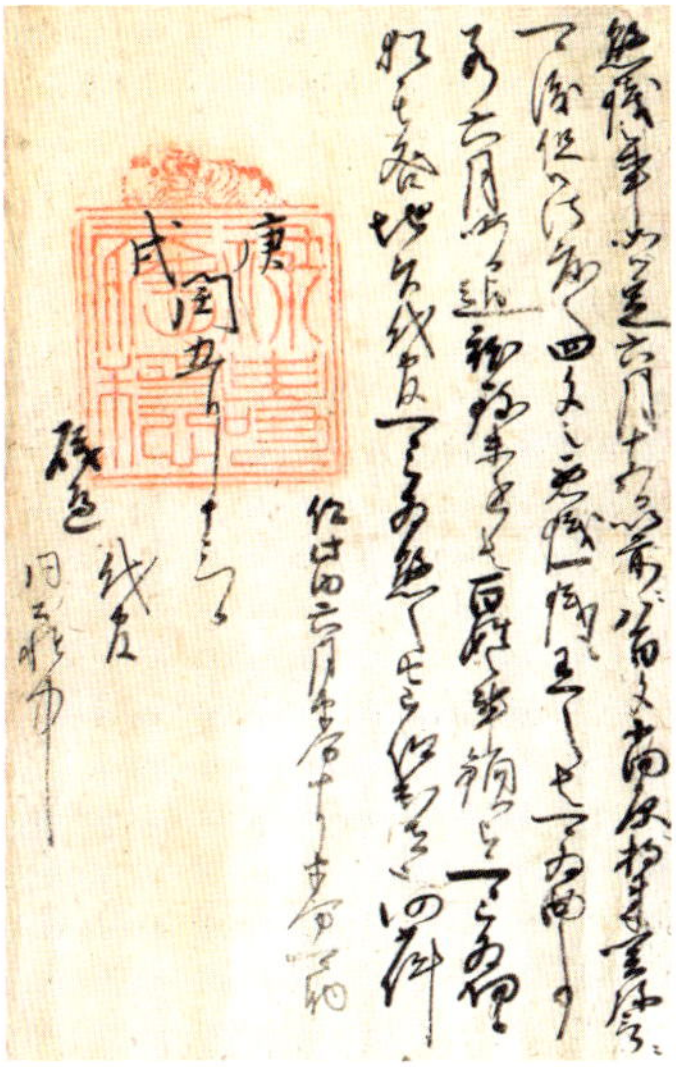

相模磯辺郷宛の懸銭配符〔天文19年閏5月〕　富士山本宮浅間大社蔵

いろ種類があるが、永楽銭《えいらくせん》にまさるものはないから、今後は永楽銭のみを使うよう」命じる高札《こうさつ》を立てた、その結果「関八州の市町では永楽銭を用いた」という話を載せている。北条領で通用した銭貨の主体は精銭で、永楽銭*はそれよりも価値が高く通用も限定されていたから、これを全面的に信じることはできない。

ただ天文一九年は、氏康が税制を改革して原則銭納の懸銭を創設した年。百姓らが銭貨を得るための環境を整えるべく、氏康が換金の場である市場を整備する必要に迫られていたことは容易に想定されよう。その年九月、武蔵世田谷《せたがや》城（東京都世田谷区）の吉良頼康《きらよりやす》*が領内上小田中《かみこだなか》市場（神奈川県川崎市）に接する泉沢寺《せんたくじ》門前の諸役などを免除し商人の来住を促しているのは、氏康の施策と連動していた可能性が高い。これは北条領国における楽市《らくいち》*の初見でもあった。弘治元年（一五五五）四月には、氏康自身、武蔵北野天神社（埼玉県所沢市）の神事のさいに開設される市場での押買《おしがい》*などを禁じており、氏政も永禄五年（一五六二）一二月・同一〇年一〇月と、坂東《ばんどう》三三観音札所《ふだしょ》として賑わう相模飯泉山《いいずみさん》（神奈川県小田原市）・武蔵弘明寺《ぐみょうじ》（同横浜市）の門前市における諸役免除・不法禁止などを定めている。

また天文二二年三月、氏康は上野国内と見られる某所の市の日を四日・九日と定めている。毎月四日・九日、一四日・一九日、二四日・二九日を開催日とする六斎《ろくさい》市《いち》*だ。同様な六斎市開催日の公定は、永禄七年九月の武蔵関戸《せきど》郷（東京都多摩市）、天正六年（一五七八）九月の武蔵世田谷新宿、同一一年一一月の武蔵高萩新宿《たかはぎしんじゅく》（埼

---

* **永楽銭**　永楽通宝。中国の明朝で鋳造。日明貿易などで大量に輸入され流通した。

* **吉良頼康**　?〜一五六二。吉良氏当主。初名頼貞。妻は氏綱娘。氏康の従兄弟。
* **楽市**　北条領国では、商業振興のため市場税などの課役が免除された市場を指す。
* **押買**　売主の意向を無視した強制的な買上。
* **六斎市**　月に六日開催される定期市。

玉県日高市)、同一三年二月の相模荻野《おぎの》(神奈川県厚木市)など、氏政・氏直時代にも進められた。そのさいには近隣の市の日と重複しないよう調整が図られている。

永禄年間以後も貢租の銭納が消滅したわけではなく、依然、百姓が貢納のため市場での交換を要したことは事実である。ただ現物納化が一般化していた天正期における六斎市の盛行は、貢租銭納の視点のみでは説明できない。その前提には、百姓らによる塩・塩合物・水産加工品や鍋・釜、農具など日常必需雑貨品の調達はむろん、特産品、余剰農産物、縄筵《なわむしろ》・織物など手工業品などの換金の場、給人や現地代官らによる年貢投下の場としての市の発展があったと考えられる。そこには小田原や各支城などを拠点とする領国内商人のほか、伊勢大湊(三重県伊勢市)の角屋ら領国外豪商などの関与も想定される。

訴訟制度の整備　永禄四年(一五六一)五月、氏康が老師とも仰ぐ箱根権現の別当融山《ゆうざん》*に宛てた書状には「百姓に対しても誤りなく裁判を行なうため、一〇年以来目安箱《めやすばこ》*を設置し、諸人の訴えを聞き届けて道理を探求した」とある。弘治元年(一五五五)正月以前、氏康は領内の訴訟を処理する機関として評定衆《ひょうじょうしゅう》を組織しており、目安箱の設置は、目安呈上の手続きの簡略化による評定衆の有効な運営を図るための措置であった。むろんそれは、家臣・寺社などの私領を含め、北条氏に訴える伝手のない百姓ら一般庶民を主たる対象としていたと見られる。

評定衆は、氏康の身辺を固める御馬廻衆《おうままわりしゅう》、小田原城の守備に当たる小田原衆を

* 融山　一四九〇～一五六三。権僧正。天文七年二月～同九年一一月頃、幻庵宗哲の跡を受け箱根権現別当に就任。
* 目安箱　目安＝訴状を投函するための箱。小田原城などの城門などに設置か。

主体に構成されており、審議の結果（裁許）は、裁許状と呼ばれる文書によって勝訴者側に伝えられた。日下《にっか》には「評定衆」と記され、発給主体は評定衆と解される。左脇に記名し花押を据える存在は筆頭ともされるが、天正五年（一五七七）四月一〇日付の二通の裁許状には、それぞれ石巻康保《いしまきやすもり》*・山角康定《やまかくやすさだ》*の記名があるから、むしろ事案担当者と見るのが妥当であろう。日付上に押印された虎印判は、当主が裁許内容を承認したことを示す証判と考えられる。発給日は一〇日・二〇日・二八日の前後に集中しており、裁許は月三回、ほぼ定期的に行なわれたようだ。

裁許にさいしては、何よりも案件に関わる証文が重視され、過去の判例のほか、「御成敗式目《ごせいばいしきもく》」*などが参照された。北条氏の場合、「今川仮名目録《いまがわかなもくろく》」*や「甲州法度之次第《こうしゅうはっとのしだい》」*のような分国法《ぶんこくほう》を制定していないが、天正一八年まで四〇年ほどにおよんだ評定衆の活動期間中において、膨大な判例・関連法規などが集積されていたことはまちがいない。

氏康の民政

氏康は隠居後も、民政面などで主導的役割を果たした。先にふれた融山宛の書状で氏康は「万民を哀憐《あいれん》し、百姓に礼を尽くすべし」との融山の意見に対し、「去年分国中の諸郷へ徳政を下し、妻子や下人の売券を破棄させ、年数を経たものまで糾明し、ことごとく返還させた」〔安房妙本寺文書〕と応じている。永禄三年の徳政令の発令が氏康の意向を踏まえたものであったこと、「万民を哀憐し、百姓に礼を尽くす」ためのアイテムとして、氏康が徳政を重視していたことが

---

* **石巻康保**　?。北条氏家臣。御馬廻衆。評定衆。家貞の子。

* **山角康定**　?。北条氏家臣。御馬廻衆。評定衆。

* **御成敗式目**　貞永元年に北条泰時が制定した鎌倉幕府の基本法。全五一か条。

* **今川仮名目録**　大永六年に今川氏親が制定。全三三（三一とも）か条。天文二二年、義元が二一か条を追加。

* **甲州法度之次第**　天文一六年に武田信玄が制定。二六か条本と五五か条本の二種の伝本がある。

窺えよう。天文一九年（一五五〇）の税制改革にさいしても、氏康は徳政を施行していた。

氏康の民政の前提に、撫民《ぶみん》思想があったことはまちがいない。ただすでに見た税制の整備は、統一的な基準に基づく公平な税の設定とともに、その確実な収納を目的としていた。それゆえ氏康は、貢租の未納に対し、利息の付加はむろん牛馬を没収する、未納者の首を切る、などの厳しい措置も辞さなかった。広域的な飢餓状況への対応とされる永禄三年の徳政令でも、年貢などの減免は一切認めておらず、代官に年貢未納分の形として入れていた米穀の徳政による返還を求める相模酒匂《さかわ》（神奈川県小田原市）一〇か村の訴えも評定衆により退けられていた。撫民とともに、領国の経済基盤の安定化、法秩序の維持もまた、氏康にとって大きな課題であった。

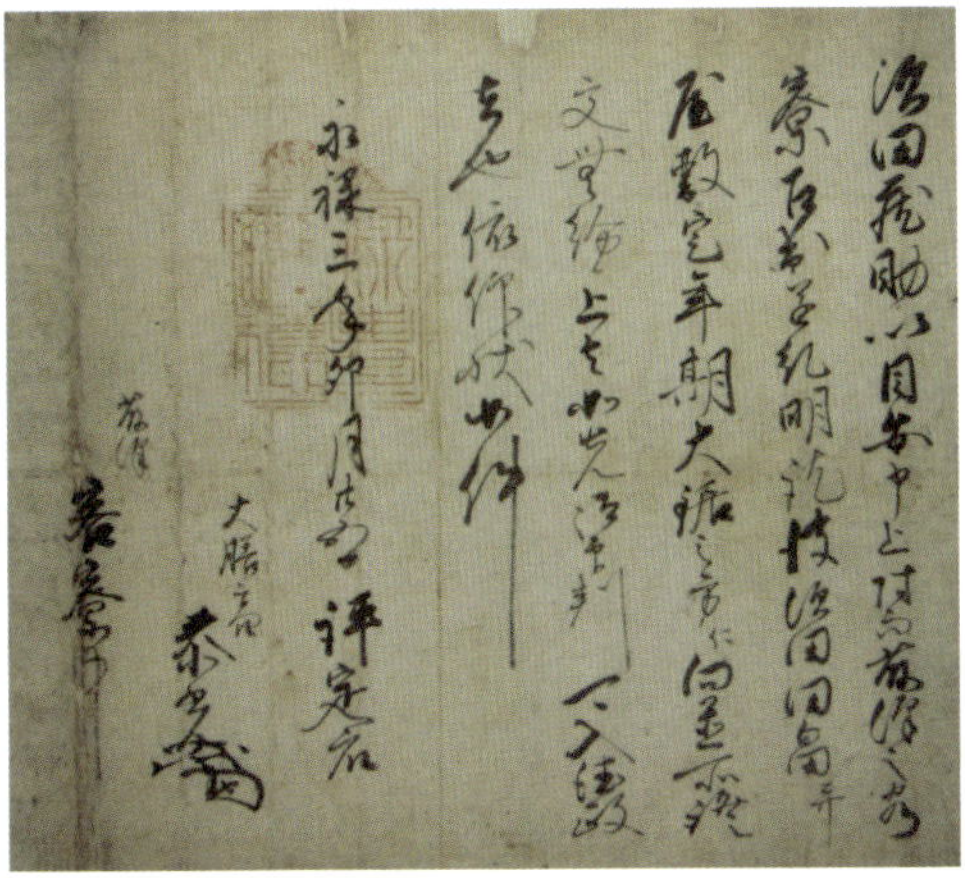
裁許状〔永禄３年４月〕　個人蔵、藤沢市文書館寄託

氏康が死去する直前の元亀二年（一五七一）八月、武蔵白子（埼玉県和光市）の反銭納入などについて定めた虎印判状で、後継の氏政は、収納時における榛原枡の

使用など、氏康の主導で整えられた税制関連の諸規定を確認し、今後税額が変わらなければ配符は下さないとしている。税制整備に区切がついたとの認識からであろう。ただ、それは反面で、氏政の民政への取組への消極さを窺わせる面もある。

四 上杉謙信・武田信玄との抗争

氏政の家督継承

永禄三年（一五六〇）初頭、氏康は退隠し、氏政が家督を継承する。氏康は四六歳前後、氏政は二二歳前後であった。これにともない氏康の叔父で、家中の長老的存在であった幻庵宗哲も退隠し嫡子三郎*に家督を継承させている。氏康の隠居を機に家中において世代交代が進んだことが想定されよう。

とはいえ壮年の氏康からすると氏政は「若輩」〔安房妙本寺文書〕であり、周囲には氏康の活動継続を望む声もあった。それゆえか氏康は、以後も氏政を支え、陸奥の白川晴綱・蘆名盛氏《あしなもりうじ》*、出羽の伊達輝宗《だててるむね》*らとの外交交渉でも主導的役割を果たす。また家中への知行宛行《あてがい》や安堵《あんど》、感状《かんじょう》の発給なども継続し、大草康盛《おおくさやすもり》*・幸田与三《こうだよぞう》*・遠山康英《とおやまやすひで》*・南条四郎左衛門尉《なんじょうしろうさえもんのじょう》*らの側近を介して虎印判状も発給した。虎印判はすでに当主氏政の手もとに移っていたから、それは氏康が日ごろから氏政と緊密に

---

* **北条三郎**　?〜一五六〇。北条一族。武蔵小机城主。実名は時長か。
* **蘆名盛氏**　一五二一〜八〇。蘆名氏当主。盛舜の子。
* **伊達輝宗**　一五四四〜八五。伊達氏当主。晴宗の子。
* **大草康盛**　?。北条氏家臣。御馬廻衆。台所奉行。氏康没後、幻庵宗哲に近侍。
* **幸田与三**　?。北条氏家臣。小田原城大蔵の管理に関与。

連携していたことの証でもあろう。

かくして氏政時代の前半期においては、幻庵宗哲が氏政・氏康を「小田原の二御《お》屋形《やかた》」（宮崎文書）と評したように、当主氏政と隠居氏康とによる二頭制的な政治体制が現出する。それは当主と隠居とが互いに補完・分担するかたちで当主権力を執行するというものであった。類似する状況は五代氏直の時代にも見られる。

謙信の関東管領就任

氏政の家督継承後ほどない永禄三年（一五六〇）九月、上杉謙信が関東復帰を目指す山内上杉憲政を奉じ関東に侵攻した。五月以来、氏政・氏康は里見義堯の本拠上総久留里城を攻めており、それは義堯からの支援要請を契機としていた。しかし謙信の真の目的は、正当な関東管領である憲政の後継者として関東の政治秩序を回復させることにあった。すでに前年四月、上洛して将軍足利義輝から同職就任の内諾を得、関白近衛《このえ》前久《さきひさ》*を古河公方に迎える密約を交わしていた謙信にとっては、満を持しての出陣であったろう。

北条氏政　早雲寺蔵

上越国境の三国《みくに》峠を越えた謙信は、九月のうちに北条康元の沼田城、一二月に那波宗俊の赤石城を落とすなどして上野を席巻《せっけん》し、翌年二月には武蔵松

* 遠山康英　？。北条氏家臣。康光の子。相模三浦郡の領域支配などに関与。
* 南条四郎左衛門尉　？。北条氏家臣。氏康死去にさいし、高野山高室院の「北条家過去帳」にその霊位を奉じている。
* 近衛前久　一五三六～一六一二。関白・太政大臣。稙家の子。初名晴嗣次いで前嗣。

山城に入る。そして三月、氏照《うじてる》*の由井領、相模中郡をへて同二四日頃までに小田原城を包囲した。同じ頃里見義堯も江戸湾を渡って三浦に上陸し鎌倉に侵攻している。

この間、足利義氏の下総関宿城や武蔵河越城などが籠城に追い込まれ、氏邦《うじくに》*の属城武蔵天神山《てんじんやま》城（埼玉県長瀞町）、下総葛西城などが陥落した。さらにこれ以前氏康に服していた上野の由良成繁・長野業正・長尾憲景・斎藤越前守、下野の長尾景長・佐野昌綱《さのまさつな》*、武蔵の太田資正・成田長泰・三田綱定《みたつなさだ》*・庁鼻和上杉憲盛《のりもり》*、下総の簗田晴助・高城胤吉、上総の酒井胤敏《さかいたねとし》*らの国衆、佐竹義昭・宇都宮広綱・結城晴朝・小山秀綱・那須資胤らの諸氏が、相次いで謙信に参じる。

久留里在陣中の氏政・氏康は、迎撃のため九月に河越、翌月に松山に進むが、一二月、小田原へ退去し、翌年三月一〇日頃には籠城体制を整える。北条氏が小田原に攻め込まれたのは、氏綱が本拠を移して以来初のことであった。

謙信軍は、小田原城の北東、蓮池付近に殺到したという。ただ戦闘としては城東方の曾我山などで大藤政信《だいとうまさのぶ》*の率いる諸足軽《しょあしがる》衆との交戦が確認されるにすぎず、閏三月初旬までには包囲を解いて鎌倉に退去した。これについて謙信は「小田原城を攻め落とす考えであったが、佐竹義昭・小田氏治・宇都宮広綱の進言に任せた」〔杉原謙氏所蔵文書〕と述懐している。すでに三月二四日には信玄が甲斐吉田《かいよしだ》（山梨県富士吉田市）に着陣しており、今川氏真の駿府出陣も間近との情報もあったから、早めに兵を引いたのであろう。城の防備が相当に堅く、攻略は容易でないとの判断

---

* **北条氏照**　一五四二？〜九〇。北条一族。氏康の子。永禄二年、武蔵の国衆大石綱周（由井城主）の名跡を継承。同一〇年までに滝山城、天正八年八月〜九年二月頃、八王子城に本拠を移す。同二年以降は古河公方足利義氏を後見。八王子領のほか永禄一一年以降に栗橋領、天正四年以降に小山領などを支配。

* **北条氏邦**　一五四八？〜九七。北条一族。氏康の子。永禄元年頃、武蔵の国衆藤田泰邦（花園城主）の名跡を継承。永禄一一年一〇月〜同一二年二月頃、武蔵鉢形城に本拠を移す。鉢形領のほか天正六〜同八年と同一七年七月以降に沼田領、同一〇年七月以降に箕輪領を支配。

* **佐野昌綱**　？〜一五七九。下野の国衆。唐沢山城主。豊綱の子。

* **三田綱定**　？〜一五六〇。

もあったにちがいない。

鎌倉に入った謙信は、鶴岡八幡宮の神前で正式に関東管領に就任する。そして古河公方家の重臣簗田晴助らに諮《はか》って足利藤氏を古河公方に擁立し、憲政および近衛前久と藤氏を下総古河城に据えて、六月、越後へ帰還した。ここに関東では氏政・氏康と謙信とが、それぞれ義氏・藤氏を公方として奉戴する状況が現出する。

関東の再征服

永禄四年（一五六一）四月、氏政・氏康は反撃に転じ、九月には三田綱定を討って天神山城などを奪還する。これを見て成田長泰・高城胤吉が北条方に復帰した。おりしも謙信は信濃川中島（長野県長野市）で信玄と対峙しており、関東出陣はままならない状況にあった。北条・武田の連携策の一端が窺えよう。

蓮池付近。奥の高台が本丸。右手にあった蓮池は現在埋没している。

次いで一一月、氏政・氏康は武蔵生山《なまのやま》（埼玉県本庄市）で越後軍を破って上野に入り、一二月、信濃から移陣した信玄と合流して、倉賀《くらか》野直行《のなおゆき》*の拠る倉賀野城（群馬県高崎市）を攻めた。

この間の一〇月、古河在城の近衛前久は、謙信に北条軍の松山方面在陣を伝え、至急来援するよう要請していた。謙信は一二月に越山、翌年二月、北条方赤井文六の上野館林城を接収し

武蔵の国衆。勝沼城主。政定の子。

＊庁鼻和上杉憲盛　?〜一五七五。武蔵の国衆。深谷城主。憲賢の子。

＊酒井胤敏　?。上総の国衆。東金城主。北条氏他国衆。

＊大藤政信　?〜一五七二。北条氏家臣。諸足軽衆筆頭。相模田原城主、中郡郡代。栄永の子。初名秀信。

＊倉賀野直行　?。上野の国衆。倉賀野城主。天文二一年五月、山内上杉憲政とともに越後に移るが、永禄三年の謙信の越山にともない倉賀野城に復帰。

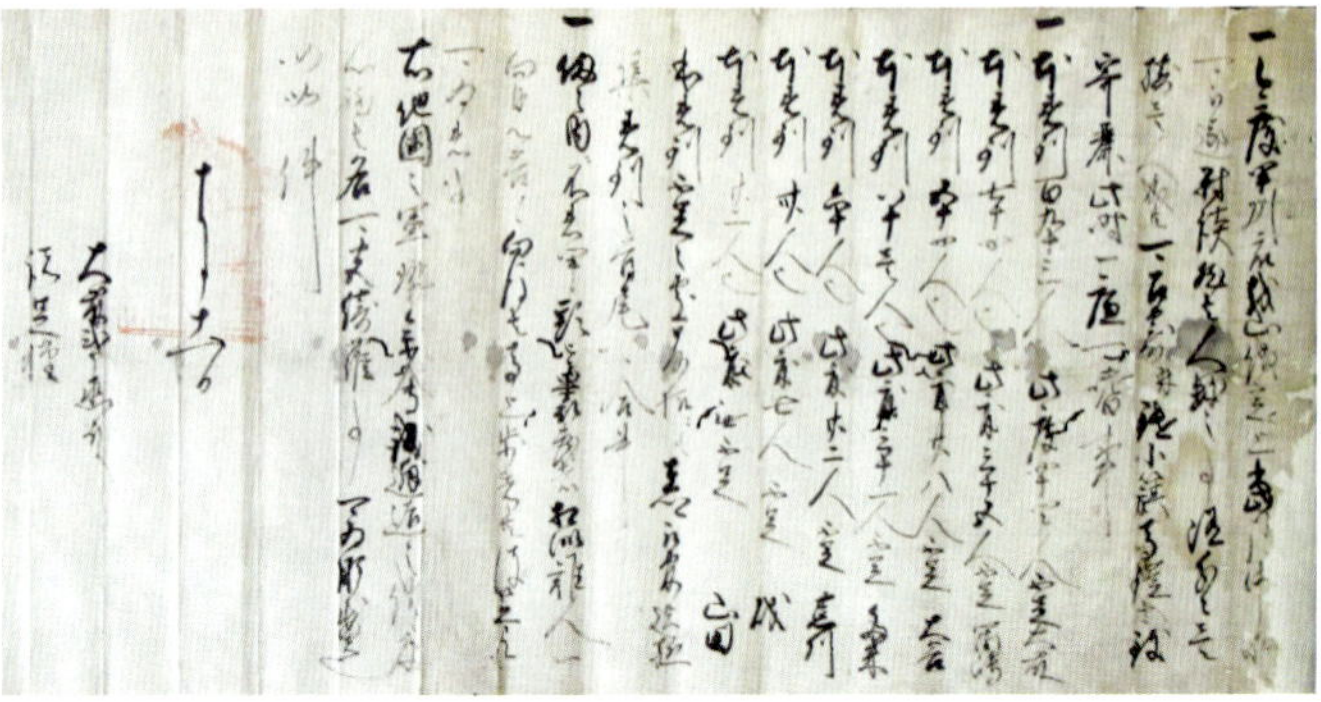

北条・武田両軍の共同策戦に関わる虎印判状〔永禄４年10月〕　小田原市立図書館蔵

て長尾景長に預けると、三月、これ以前北条方に転じていた佐野昌綱の下野唐沢山《からさわやま》城（栃木県佐野市）を攻め、同月末頃、前久と山内上杉憲政を連れて越後に帰還した。氏政・氏康は、正月、謙信の矛先をかわすようにして武蔵に後退し、四月、下総葛西城を奪還している。

　そもそも、古河公方の地位を約束されていた前久と足利藤氏との関係が円滑さを欠いていたことは想像に難くない。その後八月末以前、藤氏も古河を出て里見義堯を頼り、謙信が構築した関東支配の体制はわずか一年半足らずで崩壊した。同じ頃、結城晴朝・小山秀綱・那須資胤・小田氏治・宇都宮広綱らも北条方に転じている。

　永禄六年二月、氏政・氏康は信玄とともに、太田資正の手に落ちていた松山城を攻略した。救援のため謙信は、二月里見義堯と連携して武蔵石戸まで進んだが間に合わず、翌月、成田長泰とその実弟で武蔵騎西《きさい》城（埼玉県加須市）に拠る小田伊賀《いがの》守《かみ》*、小山秀綱・結城《ゆうき》晴朝《はるとも》*・宇都宮広綱らを服属させ、佐野昌綱に一撃を加えて四月に帰陣した。

次いで一二月、氏政・氏康は利根川を越え、信玄とともに由良成繁の上野金山城に迫る。今川氏真の援軍も加わったこの策戦は、三国同盟が結集した大規模なものであった。一方の謙信も閏一二月、上野厩橋に入り、翌年正月には南下して小田氏治の常陸小田城を攻略する。行軍途上の謙信から「南敵（北条氏）を根切にし、枝葉断絶の働きをされるはこの時」（安房妙本寺文書）との檄文《げきぶん》を得ていた里見義尭もまた、太田資正と申し合せ下総葛西方面に進軍した。これを見て氏政・氏康は、いち早く上野から下総に入り、国府台（千葉県市川市）で義尭・資正を撃破する（第二次国府台合戦）。謙信はやむなく反転、二月、佐野昌綱から人質を取り、唐沢山に色部《いろべ》勝長《かつなが》*らを配して帰陣した。

永禄七年七月、氏政・氏康は里見に属す上総万木城（千葉県いすみ市）などを攻める一方、太田資正を岩付から追い、その子氏資《うじすけ》*を城主に据える。さらに翌八年三月から八月には、簗田晴助の下総関宿城、成田《なりた》氏長《うじなが》*の武蔵忍城などの上杉方諸城を攻め立てた。いずれも謙信が信玄の信濃侵攻に備えるため越山しがたい時期になされており、謙信との直接衝突を避けながら、関東の謙信与党を個別に撃破するという北条側の戦略が見て取れる。

謙信拠点の攻略

永禄九年（一五六六）二月、謙信は、里見義尭とともに高城《たかぎ》

＊小田伊賀守　?。武蔵の国衆。騎西城主。大炊頭某の養子。実父は成田親泰。

＊結城晴朝　一五三四〜一六一四。結城氏当主。政勝の養子。実父は小山高朝。

＊色部勝長　?〜一五六九。上杉氏家臣。憲長の子。

＊太田氏資　一五四二〜六七。武蔵の国衆。岩付城主。資正の子。初名資房。妻は氏康の娘長林院。氏政の義兄弟。

＊成田氏長　一五四二〜九六。武蔵の国衆。忍城主。長泰の子。

＊高城胤辰　?〜一五八二。下総の国衆。小金城主。胤吉の子。

胤辰《たねとき》*の下総小金城、原胤貞《はらたねさだ》*の同臼井《うすい》城（千葉県佐倉市）を攻めたが敗退する。これを機に小田氏治・小山秀綱・結城晴朝・宇都宮広綱が氏政に人質を入れあらためて服属の意を示し、閏八月には下野皆川《みながわ》城（栃木県栃木市）の皆川俊宗《みながわとしむね》*、成田氏長・由良成繁らが北条方に転じた。九月には、信玄が長野氏業《ながのうじなり》*の上野箕輪城を攻略して西上野を制圧し、翌年四月には氏政と簗田晴助との講和が成立する。

関東における謙信方勢力の退潮は、もはや明らかであった。五月、謙信が本国越後とともに、下野唐沢山、上野沼田・厩橋の「長久無事《ちょうきゅうぶじ》」〔上杉文書〕を祈念しているのも、危機感の表れに他ならない。劣勢を挽回すべく謙信は、同年一〇月に越山し、離反した由良成繁の金山城に向かうが、一二月から翌年正月にかけて、厩橋在城の北条高広《きたじょうたかひろ》*、長尾景長、佐竹義重《さたけよししげ》*も北条方に転じたために孤立し、さしたる戦果もないまま帰国する。

たたみかけるようにして氏政は、永禄一〇年正月以降、残された謙信の重要拠点の一つ下野唐沢山城の攻略に着手した。謙信は五月、色部勝長ら在番衆《ざいばんしゅう》の結束を図り、七月には養子虎房丸《とらふさまる》*を城主に据えて備えを固める。一〇月には自ら救援に向かうが、翌月、氏政の攻勢に押されるかたちで城を昌綱に預け、虎房丸と越後勢を連れて帰還する。事実上の放棄であり、以後、関東における謙信の拠点は上野沼田のみとなった。六月には、上総土気城（千葉県千葉市）の酒井胤治《さかいたねはる》*、同遠金城（同東金市）の酒井政辰《さかいまさとき》*らも北条方に転じる。

---

* **原胤貞**　?～一五六九。下総の国衆。臼井城主。千葉氏家宰。北条氏他国衆。胤清の子。
* **皆川俊宗**　一五二五～七三。下野の国衆。皆川城主。成勝の子。
* **長野氏業**　一五四六～六六。上野の国衆。箕輪城主。業正の子。
* **北条高広**　?。上杉氏家臣。上野厩橋城代、のち自立して同城主。
* **佐竹義重**　一五四七～一六一二。佐竹氏当主。義昭の子。
* **長尾虎房丸**　?。実父は佐野昌綱。謙信への入嗣は永禄四年一二月頃。
* **酒井胤治**　一五三六～七七。上総の国衆。土気城主。北条氏他国衆。
* **酒井政辰**　?～一六〇三。上総の国衆。東金城主。胤敏の子。

この間の九月、いまや唯一ともいえる謙信の有力与党となった里見義堯が上総二《み》船台《ふねだい》（千葉県君津市）で氏政を破り、妹婿の太田氏資を討ち取ったが、氏政にとっては、これも氏資の治める岩付領への支配を強める契機となり、大きな痛手とはならなかった。

永禄一一年三月、信玄と通じた本庄繁長《ほんじょうしげなが》*が越後で謙信に反旗を翻す。謙信としては足元に火が付いたかたちだ。すでに正月には、氏政・信玄との間で沼田攻略について議するところがあった。ただ八月には簗田晴助が離反したため、氏政はまず関宿攻めを再開する。次いで一二月、佐竹義重が謙信との関係を改善させ、簗田支援を表明した。氏政と謙信との抗争は、関宿・沼田の攻防を焦点に最終局面を迎えようとしていた。

氏康の出馬停止

永禄九年（一五六六）初頭、氏康が出馬を停止した。相前後して、氏康は左京大夫から相模守に転じ、氏政が左京大夫を称している。氏康にとってそれは隠居の第二段階であり、これを機に北条氏の軍事行動は、氏政とその弟氏照・氏邦らに主導されることとなった。とはいえ今回も、まったく退隠したわけではなく、以後も氏康は、小田原城にあって氏政らの後方支援に当たり、伊豆・相模、武蔵小机領以南において御料所支配や公事徴収などを主導した。

これらの政務を遂行するため氏康は、五月、「武栄」*印判の使用を開始している。氏政の単独出馬が行なわれるなか、その手もとに置かれる虎印判の使用が困難とな

＊ **本庄繁長**　一五四〇～一六一四。上杉氏家臣。房長の子。

＊ **「武栄」印判**　七五×五五ミリの二重郭長方印。永禄九年五月以降元亀二年五月まで使用が確認される。

ったためだ。従来、氏康による虎印判状の発給に関与してきた幸田与三らは、「武栄」印判状の発給を支える存在へと転化することとなる。

越相同盟　永禄一一年（一五六八）一二月、武田信玄と徳川家康が東西から今川領駿河・遠江に侵攻した。両者は、大井川《おおいがわ》を境に今川領を分割する密約を交わしていたといい、今川氏真は駿府を逃れ、遠江掛川城《かけがわ》（静岡県掛川市）へと退去する。

永禄九年に上野箕輪城を落とし西上野を制圧した頃から、信玄は駿河侵攻を企図していたとされ、翌年一〇月には反対する嫡子義信を自害させ、その妻で氏真妹の嶺松院殿を駿府に送り返している。一方の氏真も氏政・氏康を介して信玄との関係改善を図りつつ、謙信との同盟交渉を進めていた。今川攻めの理由について信玄が「氏真と謙信とが示し合せ信玄を滅ぼそうとしたためだ」（春日俊雄氏所蔵文書）と北条側に伝えているのは、確かに事実の一面をついていた。しかし氏真の妻は氏康娘であり、氏真が接近していた謙信との抗争も断然北条側有利に展開していた。氏政・氏康は、信玄と断ち謙信と結んで氏真を支援する方針で一致する。

同盟交渉は氏康が主導し、一二月一七日頃には側近の遠山康英が上野沼田に入る。遠山は氏康の意向を伝える氏邦の書簡を携えていた。また氏照も一九日付で独自に謙信に同盟を求める書状を送っている。そして翌年四月下旬頃までに、足利義氏を公方、謙信を関東管領とする、伊豆・相模・下総、岩付・松山などを除く武蔵を北条領、常陸・下野・上野・上総・安房を上杉領とする、謙信は放生会《ほうじょうえ》*以前に信濃

＊　放生会　殺生禁断の思想に基づき八月一五日に行なわれる仏教の儀式。

へ出陣する、謙信来援のさいに氏政は同陣する、盟約の証として氏政の子国増丸《くにますまる》（太田源五郎）*を謙信の養子とするなど、同盟条件の大枠が定められた。閏五月には謙信宛の氏政誓詞《せいし》を携えた使僧天用院《てんよういん》*が春日山《かすがやま》城（新潟県上越市）で謙信に接見し、六月には謙信の使僧江室昌派*が小田原に来て、氏政・氏康に謙信の血判誓詞《けっぱんせいし》を手渡す。氏政・氏康も謙信の求める案文《あんもん》に沿って血判誓詞を認めて昌派に託し、ここに越相同盟が成立した。

　この間の永禄一二年正月、氏政は駿府東方の薩埵《さった》山（静岡県静岡市）に布陣し、甲斐に通じる富士川沿いの通路を塞いで信玄の退路を断つ。懸川の氏真も氏政からの援軍を得て頑強に抵抗を続けた。やがて信玄・家康の連携も不調をきたし、次第に形勢不利となった信玄は、四月、駿府を撤収し甲府へ退去する。

上杉謙信　上杉神社蔵

　五月、氏真は家康と講和して遠江を譲り、懸川を出て駿河蒲原《かんばら》（静岡県静岡市）に移った。次いで氏政の子国王丸（氏直）を養子に迎え今川家家督の地位と駿河を譲渡し、今川領は北条・徳川によって分割される。駿府には今川勢が入った。

信玄の小田原包囲

越相同盟に対

---

* **太田源五郎**　一五六四・五？～八二。北条一族。氏直の弟。天正五年頃岩付太田氏の名跡を継承。妻は太田氏資の娘。
* **天用院**　？。早雲寺塔頭天用院の住僧。石巻家貞の弟。
* **江室昌派**　？。越後広泰寺の住持。

コラム

氏政の気概

永禄一二年（一五六九）五月、徳川家康配下の板倉某が小田原で氏康に接見していた。武田信玄に攻められ駿府から懸川に移っていた今川氏真の処遇などが協議されたのであろう。

会談終了後、氏康は、帰国の便のため板倉に伝馬手形《てんまてがた》を与え、途中駿河の氏政陣所に立ち寄った板倉は、これを氏政に披見した。そこには伝馬手形に押印すべき「常調」（コラム、一二三頁参照）ではなく「武栄」印判が押されていた。これを見た氏政は、遠山康英を通じて氏康に「兼《か》ねての御定《おさだめ》に相違《そうい》する」「この印判（「武栄」）でも伝馬を出すよう命じるならば、その定をこちらにも伝えられたい」（長府毛利文書）と抗議している。

氏康はこれ以前にも「武栄」印判を押印した伝馬手形を発給していた。だがそれは否定しようのない正論であり、以後において「武栄」印判を押印した伝馬手形の発給は確認されていない。氏康が健在の間、氏政は、当主とはいいながらも、いまだ家中の主導権を掌握できない状況にあった。ただ百戦錬磨の父を相手に、決して唯々諾々《いいだくだく》と従う存在ではなく、時として正論を吐く気概を有していたことは興味深い。

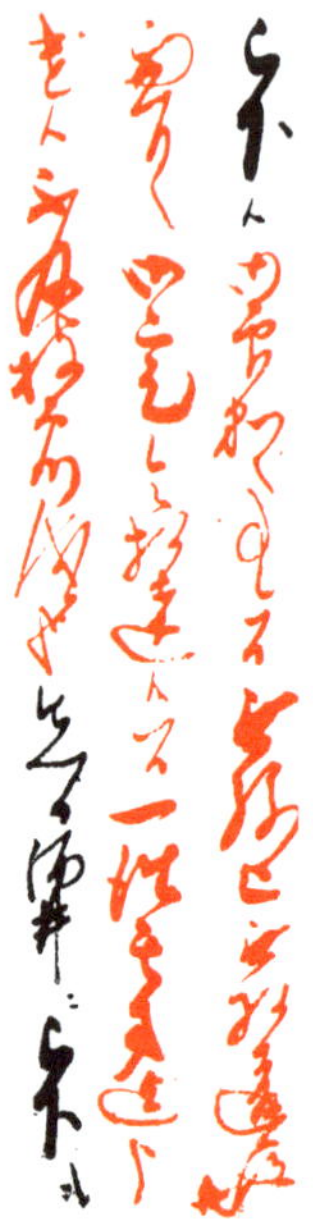

抗すべく、信玄は佐竹義重・太田資正・里見義堯らとの連携を進める。また織田信長*を通じて将軍足利義昭《よしあき》*に謙信との和睦斡旋を依頼、永禄一二年（一五六九）二月には謙信に信玄との講和を勧告する義昭御内書《ごないしょ》が下され、七月には謙信との和睦を取りつけた。

六月、信玄は、薩埵山の北条方陣所と小田原方面との連絡を絶つべく、駿河御《み》厨《くりや》の深沢《ふかざわ》城（静岡県御殿場市）などを攻め、七月には富士《ふじ》大宮《おおみや》城（同富士宮市）を攻略する。次いで九月、上信国境の碓氷峠を越えて上野から武蔵に入り、氏邦の鉢形城、氏照の滝山《たきやま》城に一撃を加えると、一〇月一日小田原城を囲んだ。先の謙信の場合と同様、武田軍は蓮池辺りから城の中枢部に肉迫したという。ただやはり北条方の守りは固く、同五日には相模川沿いの大神《おおかみ》（神奈川県平塚市）に退去、翌日、氏照・氏邦が待ち構える三増《みませ》峠（同相模原市・愛川町）を突破し、奥三保《おくさんぼう》をへて甲斐に帰還する（三増峠合戦）。氏政もただちに小田原を出て追撃したが、間に合わなかった。

すでに九月、「（信玄が）信濃と西上野の軍勢を甲府に集めている」（上杉文書）との情報を得ていた氏政・氏康は、同盟条件を踏まえ八月下旬に

滝山城址

＊織田信長　一五三四～八二。右大臣。織田氏当主。信秀の子。永禄一一年九月に足利義昭を奉じて入洛。

＊足利義昭　一五三七～九七。一五代将軍。義晴の子、義輝の弟。将軍在位は永禄一一～天正元年。

上野沼田に着陣する意向を示していた謙信の出陣を促していたが、信玄とも和睦していた謙信は応じず越中に侵攻する。明らかな違約であった。ただ北条側も、いまだ国増丸の謙信への入嗣や武蔵岩付の引渡などを履行しておらず、謙信との同陣にも難色を示していた。謙信がこれに不満を抱いていたことはまちがいあるまい。

それでも一〇月に越中から帰還した謙信は、翌月上野沼田に着陣する。越相同盟維持への意思表示と見てよいであろう。ただ翌元亀元年（一五七〇）正月、信濃・西上野への進軍を求める北条方の意向をよそに、下野唐沢山城の攻略に向かっているのは、それが妥協でないとのメッセージに他ならなかった。唐沢山の佐野昌綱が、下野を上杉領とする同盟条件に反し謙信への従属を拒んでいたからである。

こうした状況の中、懸案解決に向けた交渉が急速に進められ、二月、養子については国増丸に替わり、氏康の子三郎*に白羽の矢が立てられた。幼いわが子を憐れむ氏政の意向を汲んでのことである。三郎は四月、謙信とともに越後に入り、以後謙信の初名と同じ景虎を名乗った。岩付に関し謙信は、太田資正に返す考えであったが、その後資正との間に疎隔を生じたため三月初旬までに引渡要求を撤回したようだ。同陣についても、いちおうの合意が得られたらしい。

かくして信玄の小田原攻め以降、越相同盟交渉は一歩前進した。謙信と信玄との和睦も解消される。しかしこの間にも駿河方面では信玄の攻勢が続いていた。謙信が沼田に着陣した直後の永禄一二年（一五六九）一二月、信玄は、北条氏信*の守る

＊北条三郎・上杉景虎　一五五四～七九。母は遠山康光の姉妹。初め幻庵宗哲の養子。

＊北条氏信　？～一五六九。北条一族。武蔵小机城主。幻庵宗哲の子、三郎の弟。

駿河蒲原城を攻略する。薩埵山の北条方陣所も自落して駿府はふたたび信玄の手に落ち、戦線は、一気に駿東郡の興国寺城（静岡県沼津市）・深沢城まで後退した。危機感を抱いた氏政は、一一月、武田領との国境線の防備を固めるべく、伊豆・相模・武蔵三国の郷村から普請人足《ふしんにんそく》を徴発し、一二月には拠点城郭の守備に百姓を充てるための人改《ひとあらため》（戸口調査）を実施している。

元亀元年五月から八月にかけて、信玄は駿豆国境に近い駿河沼津（静岡県沼津市）・興国寺、伊豆韮山を攻め、次いで翌年正月には、北条綱成らの守る深沢城を開城させて、駿河制圧を決定的なものとする。深沢城のある御厨と相模とは足柄《あしがら》峠（神奈川県南足柄市・静岡県小山町）を介し山一重。河村《かわむら》（神奈川県山北町）方面から小田原に進むことも可能となり、それは北条側にとって大きな脅威となった。

氏康の死と甲相同盟の復活

元亀二年（一五七一）一〇月三日、氏康が五七歳で病没する。前年八月には、鶴岡八幡宮で回復祈願のため大般若経《だいはんにゃきょう》が転読されていた。永禄一二年（一五六九）一二月頃から自書の花押に粗雑さが目立ち、*元亀二年四月の謙信宛書状では花押に替え印文「機」の壺形朱印を押しているところを見ると、利腕《ききうで》の障害をともなう病に冒されていたのであろう。それでも元亀元年一二月

深沢開城のさい武田軍に奪われた綱成の旗印　真田宝物館蔵

＊ 型崩れした氏康の花押

には、深沢城に迫る信玄への対応を指示するなど、回復の兆しも窺えた。しかし翌年五月以降、その政治活動は見られない状況となっていた。

元亀元年八月、謙信と氏政との同陣について協議するため小田原に滞在していた大石芳綱《おおいしよしつな》*が「(氏康が)少しでも回復していれば、今回のこと(同陣の件)にきっと意見を下さるだろう」〔上杉文書〕と嘆いているように、越相同盟を主導してきた氏康の衰えと死は、その行末《ゆくすえ》に大きな影響を与える。

一方の氏政は、早くも永禄一二年八月、交渉役の由良成繁に「越後(謙信)に対しさまざま懇望し、関東管領職と上野一国、武蔵の数か所や岩付まで割譲《かつじょう》(これは実現していない)したのに、謙信は恣《ほしいまま》に要求を突き付け、私をどこまでも追い詰めようとしている」〔「集古文書」〕と不満をぶつけており、大石に対しても、「別に用もなければ帰られよ」とさえ言い放っていた。そこには、氏康・氏政父子の微妙な対立の構図も見て取れる。かんじんの対信玄戦略において、越相同盟が必ずしも有効に機能せず、信玄に小田原への侵攻や駿河の制圧を許す結果となった、というのが氏政の本音であったろう。氏康の死を機に、氏政が謙信と断ち信玄との同盟復活に動いた理由は、この一点にあったにちがいない。

氏康死去から三か月足らずのその年一二月二七日、氏政は、越相同盟の破棄とともに、西上野と駿河を武田領とし武田側は西上野を除く関八州支配に干渉しないとの国分協定をともなう甲相同盟の復活を家中に伝えた。

---

* 大石芳綱　?。上杉氏家臣。綱資の子。

ちなみに同じ頃、謙信もまた、再度の信玄との講和に向け画策していた。佐竹義重らが信玄と結ぶ動向の中、ともに信玄と結んで氏政に対抗する考えであったらしい。一一月、信玄・佐竹らと対立する小田氏治からの支援要請を受けて越山していた謙信は、上野厩橋在城の北条高広に、信玄が自身と氏政のどちらと結ぶかは「相（北条）・越（上杉）の運くらべである」〔新潟県立文書館所蔵文書〕と伝えている。これに対し武田側は、北条・上杉との「三和一統」〔高橋文書〕ならば交渉に応じる意向を示すが、謙信は受け入れず、交渉も立消えとなったようだ。

その後上野で越年した謙信は、翌年閏正月、武田方の石倉城《いしくら》（群馬県前橋市）を攻略し、西上野に進んだ信玄と利根川を挟んでしばし対峙したのち、越後に帰った。この時氏政は、信玄に応じて倉賀野方面に軍勢を送っており、早くも謙信対氏政・信玄の抗争が再開されている。一方の謙信は一一月、かねて親交を深めていた織田信長・徳川家康と盟約を結び、以後両者の対立は、三河方面における信長・家康と信玄との抗争も絡むかたちで展開されてゆく。

なお信玄は、天正元年（一五七三）四月、いわゆる西上策戦の途上に美濃で病没するが、同五年正月、氏政は後継の勝頼《かつより》*に妹の桂林院殿《けいりんいん》*を入嫁させ、同盟強化を図っている。

北関東諸氏との抗争

越相同盟下で信玄と通じていた佐竹義重・宇都宮広綱・簗田晴助・里見義弘《さとみよしひろ》*らは、元亀三年（一五七二）四月以降、謙信との関係改善に向

＊武田勝頼　一五四六～八二。武田一族。信玄の子。諏訪氏を継承。信玄により子の信勝の後見とされたが、その後実質的に武田氏家督を継承。

＊桂林院殿　一五六四～八二。法名宗光。氏康の娘。

＊里見義弘　一五二五？～七八。里見氏当主。義尭の子。初名義舜。

かう。里見には上総土気・遠金の酒井康治《さかいやすはる》*・酒井政辰、同長南城《ちょうなん》（千葉県長南町）の武田豊信《とよのぶ》*らも従った。六月には結城晴朝が謙信と結び、那須資胤も佐竹と和して氏政を離れる。同じ頃、小山秀綱も謙信に与したらしい。武蔵深谷城の庁鼻和上杉憲盛*、羽生城《はにゅう》（埼玉県羽生市）の木戸忠朝《きどただとも》*、上野厩橋城の北条高広らは謙信との関係を維持した。

他方、下野の佐野昌綱、上野の由良国繁《ゆらくにしげ》*・長尾顕長《ながおあきなが》*らは氏政に従う。元亀三年八月には、同正月以来宇都宮広綱に反旗を翻していた皆川広勝《みながわひろかつ》*・壬生義雄《みぶよしかつ》*も氏政に属した。

こうした動向の中で氏政は、元亀三年八月に羽生・深谷、次いで天正元年（一五七三）七月に関宿の攻略に着手する。また元亀三年一二月から翌年正月にかけて、壬生支援のため下野多功原《たこうはら》（栃木県上三川町）などで佐竹・宇都宮と交戦し、九月にも義雄の叔父で佐竹に通じた周長《かねたけ》を鹿沼城《かぬま》（同鹿沼市）に攻めるなどした。

他方、元亀三年五月以降、信玄と結ぶ越中の一向衆《いっこうしゅう》への対応に追われていた謙信も、信玄没後の天正二年二月に越山し、由良成繁の拠点上野赤堀《あかぼり》などを攻略した。関宿の簗田、羽生の木戸らの求めに応じたものであろう。三月には上野に進んだ氏政と利根川を挟んで対峙するが、おりからの増水に阻まれ、四月、双方とも兵を引いた。

これより前の二月、謙信は織田信長・徳川家康に武田勝頼の背後を突くよう求め

---

* **酒井康治**　一五四六～一六〇八。上総の国衆。土気城主。北条氏他国衆。胤治の子。

* **武田豊信**　?～一五九〇。上総の国衆。長南城主。

* **庁鼻和上杉憲盛**　?～一五七五。武蔵の国衆。深谷城主。憲賢の子。

* **木戸忠朝**　?。武蔵の国衆。皿尾次いで羽生城主。範実の子。

* **由良国繁**　一五五〇～一六一一。上野の国衆。金山城主。成繁の子。

* **長尾顕長**　?～一六二一。上野の国衆。館林城主。景長の養子。実父は由良成繁。国繁の弟。

* **皆川広勝**　一五六三～七二。下野の国衆。皆川城主。俊宗の子。

* **壬生義雄**　一五四五～九〇。下野の国衆。壬生・鹿沼城主。綱雄の子。

る一方、佐竹義重・宇都宮広綱らに参陣を促していた。だが佐竹らは、謙信帰国後の五月になって壬生・皆川攻めに向かっており、その動きはいかにも調和を欠く。一〇月、謙信は重ねて羽生支援などのため越山し、翌月には下野祇園城で佐竹と関宿支援について協議するが、これも不調に終わった。佐竹家中に謙信への不信が広まっていたことが要因らしい。結局、謙信は関宿支援を佐竹に一任し、戦略的・地理的に孤立状況にある羽生城を破却して、閏一一月に帰還した。ほどなく氏政は、結城晴朝、次いで佐竹らと和睦、関宿・羽生を接収する。簗田は水海《みずみ》城（茨城県古河市）に退去し、羽生は成田氏長に与えられた。

織田信長　長興寺蔵

次いで天正三年六月、氏照が下野榎本《えのもと》城（栃木県大平町）、一二月には祇園城を攻略して小山秀綱を没落させる。また八月以降、氏政は里見義弘への攻勢を強め、翌年末に酒井康治・酒井政辰、同五年九月に武田豊信らを服属させると、一一月、圧倒的に有利な立場で義弘と盟約し、上総のほぼ北半を制圧した。

謙信は、天正三年一〇月、翌年五月と、里見らの要請に応じ越山したが、いずれも上野由良領への攻撃に終始し、もはや関東の政局を左右するものとはならなかった。越山もこれが最後となり、以後謙信は、本願寺法主顕如光佐《けんにょこうさ》*、毛利《もうり》輝元《てるもと》*らと連携し、信長に将軍職を追われた足利義昭の復権に傾注することとなる。

この間の天正五年六月、結城晴朝が氏政を離れ、佐竹義重と結んだ。翌月、氏政は結城攻めに着手し、一時は那須・宇都宮を服属させる。しかし翌年五月、結城・佐竹はふたたび宇都宮・那須らと結束し、常陸小川台（茨城県筑西市）で氏政に対峙した。従来から頼みとしてきた謙信は、すでに三月に没しており、これを機として佐竹らは、互いに起請文を交わし、結束して氏政に対抗する体制を整えてゆく。

「大途」として

天文七年（一五三八）の第一次国府台合戦以降、氏綱・氏康は、実質的な関東管領として古河公方足利晴氏・義氏を支え、その権威を利用するかたちで関東支配を進めた。それは関東固有の伝統的な支配体制である公方―管領体制の再編・強化の過程でもあった。しかし永禄一二年（一五六九）の越相同盟にさいし、氏政・氏康は謙信を正式な関東管領として認めざるをえなくなった。

一方で古河公方の地位は、北条家と血縁でつながる義氏が確保する。元亀元年（一五七〇）六月、義氏は父祖の地である古河城への復帰も果たしていた。ただ越相同盟以前から、佐竹・宇都宮・結城らとの連携を有していた謙信が、かつての氏康のように、彼らに対する義氏の指揮権行使を求めることはなかった。それゆえ以後、公方権力は急速に衰退し、公方―管領体制そのものもまた崩壊へと向かう。

---

* 顕如光佐　一五四三～九二。一一代本願寺法主。権僧正。証如の子。妻は三条公頼の娘（管領細川晴元の養女）。武田信玄の義兄弟。

* 毛利輝元　一五五三～一六二五。毛利氏当主。隆元の子。

事実、元亀二年末に越相同盟が破綻しても、公方―管領体制が再生することはなく、氏政は、自らを関東支配の頂点に立つ公儀《こうぎ》権力＝「大途《たいと》」と位置づけてゆく。元来、事の重大性などを示す「大途」を、さまざまな重大案件などを処理する主体である北条氏当主を指す用語としても用いるようになったのである。

義氏はいよいよ伝統的権威のみを保つ存在に転化し、天正二年（一五七四）閏一一月に氏政が下総関宿城を攻略したのを画期として実質的に氏照の保護・統制下に置かれてゆく。その後同一〇年閏一二月（京暦では同一一年正月）、義氏は女子一人*を残して死去するが、もはや後継も立てられず、義氏が最後まで保持していた関東国衆に対する官途補任権も、時の「大途」氏直に掌握される。

「国法」と「御国」

北条氏の場合、「大途」が定め、あるいは採用した法は「国法」とも呼ばれた。先にふれた納法のほか、欠落《かけおち》*百姓らを在所に戻す人返《ひとかえし》、村の貫高を基準に年貢額を定めるさいに貫高から差し引かれる項目（井料免など）、陣《じん》夫《ぶ》を銭で納める夫銭《ぶせん》の額などの事例が知られている。ただ成文化された法典が存在していたわけではなく、それは氏照・氏邦らの一族、当主・隠居の印判状を奉じる重臣らにより、家臣や百姓に役や税などの負担を命じるさいの強制文言として使用された。

一方の「御国」は、百姓らに「国法」の範疇を超える臨時の課役などを賦課するさい、その正当性などを訴えるための文言として用いられた。こちらに関しては、

＊足利義氏娘　一五七四〜一六二〇。氏姫。母は浄光院殿。

＊欠落　逃亡すること。

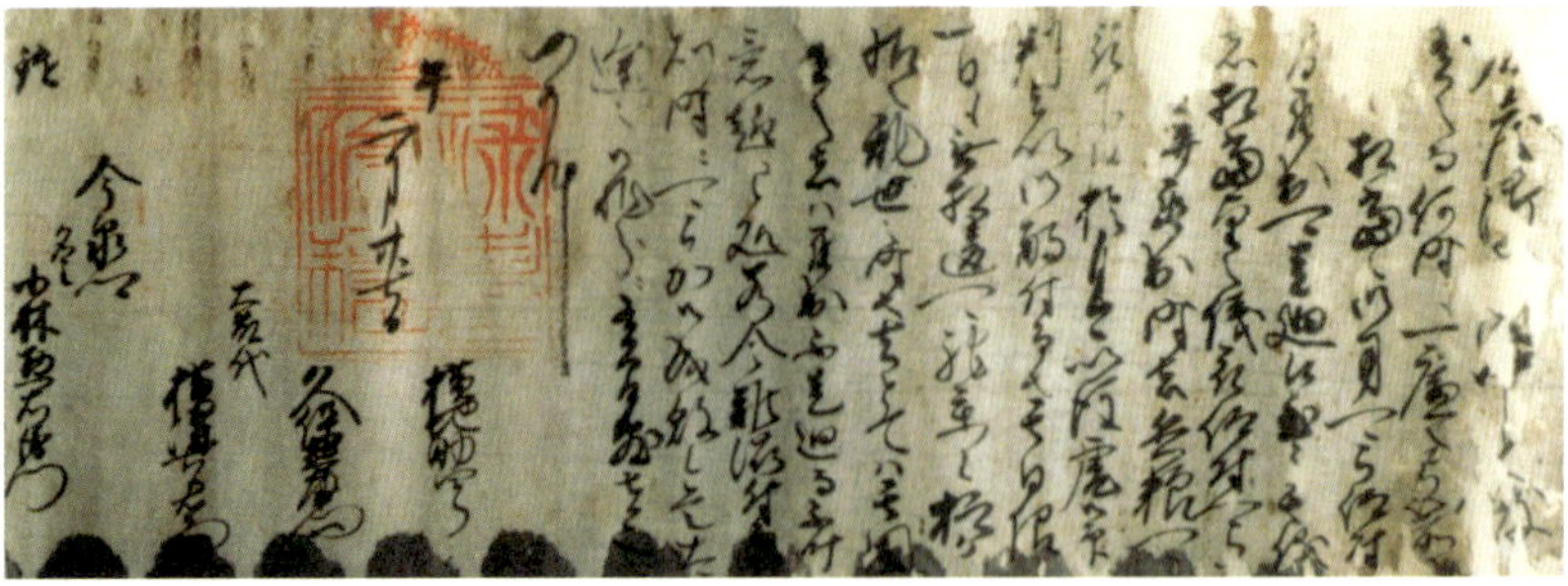

「大途」による百姓の戦闘動員を伝える令書〔元亀元年２月〕 個人蔵

当主と隠居による使用例が圧倒的に多い。前例のない城郭防備のための百姓動員に関して、永禄一二年（一五六九）一二月の虎印判状に「御国に住む者が務めるべき役」〔江成文書他〕、これを踏まえ翌元亀元年（一五七〇）二月、相模今泉《いまいずみ》郷の名主に下された横地《よこち》助四郎らの書下に「その国（北条領国）に住む者は、これに応じ勤めを果たさなくてはならない。もし従わねば直ちに成敗する。これは大途（氏政）の非分ではない」〔清水文書〕とあるのは、その好例といえよう。

ちなみに、虎印判が押印された後者の一文については、「大途」氏政が自らに誤りがありうることを認める自己矛盾の表出ともされる。本文書を日下に記名のある横地らの奉じる奉書式虎印判状*と見てのことであろうか。ただ彼らが奉者《ほうじゃ》であることを示す「奉」「奉之」の文言は見当たらず、ここでは横地らこそ発給主体であり、本文記載の主格も彼らと把握される。家臣連署《れんしょ》の書下に、その花押ではなく、こ

＊ **奉書式虎印判状** 重臣らが当主の意向を奉じて発する虎印判状。当主の命令を伝える下達型と、受給者らの要請に応じた申請型がある。奉者を介さず当主が直接に発する様式は直状式と呼ばれる。

うして虎印判が押印される事例は他にも散見され、この場合の虎印判は、記載内容を当主が認定したことを示す証判と見ることができよう。

五　織田・豊臣政権との交渉

御館の乱と甲相同盟の破綻

天正六年（一五七八）三月の上杉謙信没後、養子景勝《かげかつ》*は、家督継承を宣言して春日山城本丸に入り、もう一人の養子景虎は、五月、山内上杉憲政の拠る御館《おたて》城に移った。謙信後継をめぐる御館の乱の勃発である。

氏政は当然景虎を支持したが、結城攻めの最中で身動きが取れず、盟友の武田勝頼に景虎支援を要請する。勝頼は五月、信越国境に進み、次いで七月、景虎支持派の河田重親《かわだしげちか》*、北条《きたじょう》高広・景広《かげひろ》*父子が上野沼田、越後坂戸《さかど》・樺沢《かばのさわ》（新潟県南魚沼市）を攻略した。八月には氏政自身も上野に入る。だが同じ頃勝頼は、景勝の意向を容れて密かに甲越《こうえつ》同盟を結び兵を引く。氏政も一〇月、豪雪に阻まれて上野から撤退し、孤立した景虎は翌年三月、景勝に攻められ自害した。

氏政は、天正七年八月頃まで甲越同盟を風聞と扱っていた。一方の勝頼もその締結に当たって景勝と景虎との和睦を斡旋し一度はこれに成功しているから、当初か

---

* **上杉景勝**　一五五六～一六二三。上杉氏当主。謙信の養子。実父は長尾政景。

* **河田重親**　一五三一～九三。上杉氏家臣。上野沼田城代。

* **北条景広**　?～一五七九。上杉氏家臣。高広の子。

徳川家康　大阪城天守閣蔵

ら氏政と敵対する意向であったとは思われない。しかし九月には、駿河三枚橋《さんまいばし》（静岡県沼津市）の築城に着手し、氏政に敵対する姿勢を明確にする。以後氏政は徳川家康と結びさらに織田信長の傘下に属して勝頼に対峙し、勝頼は佐竹義重・結城晴朝らと連携して対抗した。

攻防は伊豆・駿河の国境地帯と上野周辺を舞台とし、ことに上野では、その領有をめぐり熾烈な攻防が展開された。上野は越相同盟で上杉領とされた経緯があり、景勝は甲越同盟にさいし東上野の領有を勝頼に認めていた。これに対し氏政は、上杉の上野領有権を景虎の謙信への入嗣と一体とし「景虎が死去した上は、上州の仕置《しお》きを自分が行なうのは当然」（「集古文書」）と主張していた。

戦局は総体として勝頼有利に進み、焦点の上野方面では天正七年八月に厩橋城の北条高広、一一月には下野の皆川広照《みながわひろてる》*が勝頼と結ぶ佐竹義重に帰属し、翌年五月から七月にかけて、北条方の上野猿ヶ京《さるがきょう》・名胡桃《なぐるみ》（群馬県みなかみ町）・沼田などが相次いで陥落するなど、勝頼が圧倒している。同年二月には北条方の有力国衆由良国

＊ 皆川広照　一五四八～一六二七。下野の国衆。皆川城主。俊宗の子。

繁・長尾顕長の勝頼への接近が取沙汰されているほどだ。

天正三年五月、三河設楽原（愛知県新城市）で織田・徳川連合軍に手痛い敗戦を喫して以降、勝頼の勢力はにわかに凋落したと見られがちだが、関東では、いまだ抜きがたい威勢を保っていたのである。

戦略的な家督交替

天正八年（一五八〇）三月、氏政・氏照は、前年九月頃から交信していた織田信長のもとに配下の笠原康明《かさはらやすあき》*・間宮綱信《まみやつなのぶ》*を派遣した。九日に京都本能寺で信長に接見した笠原らは、翌日、取次《とりつぎ》の滝川一益《たきがわかずます》*らを通じて信長に「御縁辺あい調え、関八州御分国に参る」〔「信長公記《しんちょうこうき》」〕と申し入れる。「御縁辺」は氏直への信長娘の輿入れを意味し、これにより氏直の治める「関八州」を信長に進上しその分国に組み入れる、というのが北条側の意向であった。

信長の反応は上々で、笠原らに御所などを見物させた上、本拠地の近江安土《あづち》城（滋賀県近江八幡市）に招き、氏政・氏照への返礼を託している。

三月から六月にかけて、氏政が駿河御厨などに進軍しているのは、信長・家康とともに勝頼と対抗する意志をアピールするためであったらしい。勝頼も四月、小浜《おばま》景隆《かげたか》*らの水軍を梶原景宗《かじわらかげむね》*ら北条水軍の拠点伊豆長浜《ながはま》（静岡県沼津市）などに侵攻させ、五月には自ら駿河に入り要害を築くなどの動きを見せている。

その後八月一九日、氏政は信長の婿となるべき氏直に家督を譲り退隠した。おりしも武田軍の駿河進軍の報を得ていた氏直が軍勢を召集している最中のことだ。い

---

* 笠原康明　?。北条氏家臣。御馬廻衆。評定衆。

* 間宮綱信　?。北条氏家臣。氏照の配下。

* 滝川一益　一五二五〜八六。織田氏家臣。一勝の子。妻は織田信長の娘。北条氏の取次を務める。武田氏滅亡後の天正一〇年四月、上野のほか信濃佐久・小県二郡を与えられ、箕輪次いで厩橋に在城。

* 小浜景隆　?。伊勢出身の海賊衆。駿河清水を本拠とした。

* 梶原景宗　?。紀伊出身の海賊衆。北条氏への仕官は永禄五年頃。

かにも慌ただしいが、この氏直の出陣は、当時武田方の遠江高天神城《たかてんじん》（静岡県掛川市）などを攻撃中の家康に呼応するものであったから、氏政としては家康と結ぶ信長の意向を推し量り、家督交替を急いだのであろう。時に氏政は四二歳前後、氏直は一九歳前後であった。

同時に氏直は、氏政から虎印判を継承し、以後氏政は「有効」印判*を用いた。翌年七月には家臣団への軍役の賦課台帳も氏直に引き継がれる。

氏政が、隠居後も政務に関与し出馬も継続したことは周知のとおりだ。氏康の先例に倣ったものであろう。ただ隠居後の氏政の出馬は、氏直と緊密に連携しつつも、かなり自立的なかたちで行なわれた点で氏康の場合と異なる。退隠と同時に花押を改判しているのも、氏康には見られなかったことだ。そのさい、上野国衆との連絡などに限り、依然旧型花押を用いているのは特異といえる。懸案の上野領国化とこれに関わる上野国衆の統制などは、継続して自身が主導する意向であったのであろう。氏政が上野国衆らに対しても新型の花押を用いるのは、天正一〇年一〇月の徳川家康との同盟により、北条氏の上野領有が確定してからである。

厳しい消耗戦　氏直が駿河に出陣した直後の天正八年（一五八〇）九月、勝頼と結ぶ佐竹義重・結城晴朝が下野祇園城を攻め、勝頼自身も由良国繁・長尾顕長などの支配領域に侵攻した。これには氏政が対応し、翌月には両軍とも兵を引くが、一一月になると、下野で唯一北条方にあった壬生城《みぶ》（栃木県壬生町）の壬生義雄が離

＊「有効」印判　二五ミリ四方の二重郭方印。

反する。さらに翌九年五月から七月にかけて、佐竹と結ぶ佐野宗綱《さのむねつな》＊らが勝頼と連携して下野榎本《えのもと》などに来襲するなど、上野方面での勝頼方の動きは依然活発であった。

駿河方面でも、天正九年三月、武田方の小浜水軍が駿河久料《くりょう》津（静岡県沼津市）で、北条方の梶原水軍を撃破した。ただ同じ頃、家康が高天神城を攻略し、遠江では勝頼の勢力が大きく後退する。それは北条・徳川同盟の成果であり、四月、氏直が武蔵滝山衆・相模津久井衆らを甲斐郡内に侵攻させているのは、反撃の狼煙《のろし》ともいえよう。次いで八月には、小田原から駿河方面への大軍の移動を円滑化させるため箱根越えの街道を整備するとともに、駿豆国境に徳倉《とくら》城（静岡県清水町）を築いて武田方の三枚橋城への攻撃を強めている。

北条氏直　早雲寺蔵

だが一〇月、徳倉城の笠原政堯《かさはらまさたか》＊が武田方に内応し、同城は早くも勝頼の手に落ちる。氏直は徳倉に向けて新たな要害を築き、一一月から一二月にかけて駿河興国寺《こうこくじ》方面や伊豆王川（静岡県清水町）などで勝頼と交戦したが、勝敗は決しなかった。

前年三月、氏政は伊豆東浦《ひがしうら》の百姓を戦闘に動員するため「一揆帳《いっきちょう》」

＊佐野宗綱　一五五八～八五。下野の国衆。唐沢山城主。昌綱の子。

＊笠原政堯　?。北条氏家臣。伊豆郡代。笠原千松の陣代。松田憲秀の子。

コラム

「草」の活躍

天正九年（一五八一）一一月、氏直は武田勝頼の手に落ちた徳倉城に対して向城《むかいじろ》を築くとともに、諸足軽衆の大藤政信に武田方の興国寺城を攻めさせる。大藤は二七日の夜中、興国寺と自陣との往復で武田軍一〇余名を討ち取った。

諸足軽衆はゲリラ戦を得意とした特殊部隊。翌二八日、氏邦が大藤に宛てた書状に、「昨夜は草《くさ》を働かせ、敵十余人を討ち取り（あるいは）生け捕って、（身柄や首を）氏照に送られた」（大藤文書）とあるように、その軍事行動を影で支えた者に「草」＝忍《しのび》があった。「北条五代記」は同じ年の秋、氏直配下の「風摩《ふうま》」率いる山賊や強盗らの二〇〇人の「乱波《らっぱ》」（これも忍を指す）が武田軍を夜ごと奇襲し悩ませたと伝えている。「風摩」とは世に知られる「風魔小太郎《ふうまのこたろう》」。実在は疑問視されているが、この話に大藤配下の「草」の活躍が投影されている可能性はないとはいえない。

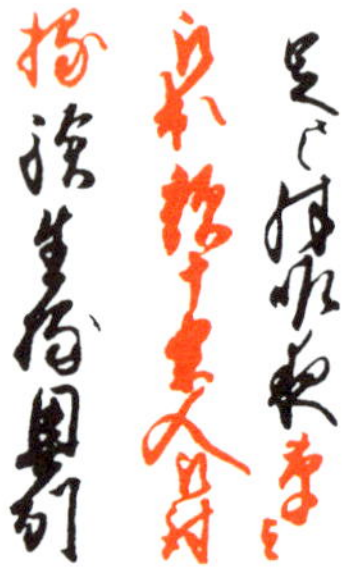

いま一つ「風摩」との関連を想起させる存在に風間一党がある。前線に近い郷村に配備され、百姓から薪炭や馬草などの調達を認められていたが、乱暴狼藉《ろうぜき》も多く迷惑な存在でもあったらしい。北条軍には正規軍を支える影の軍団が確かに存在していた。「風魔小太郎」には、その活躍が集約されているのかもしれない。

〔「伊豆順行記」〕を作成していた。翌年のこの年八月から一〇月には、氏直が相模・武蔵南部の郷村に代替り検地に代わる反銭の増額を命じている。迅速な戦費確保のための措置であろう。勝頼との抗争は消耗戦の様相を呈し、北条氏の財政をも圧迫しつつあった。

信長の「惣無事」　天正九年（一五八一）六月、氏政の使者が安土に入った。勝頼への対応を協議するためであろう。一二月には、信長が家康に来春の武田攻めの意向を伝える。これに備えてか勝頼は、前年末から普請を急いでいた要害堅固な新《しん》府《ぷ》城（山梨県韮崎市）に本拠を移す。

翌年二月、信長は信濃木曾福島城（長野県木曾町）に拠る木曾義昌《きそよしまさ》*の内通を機に、嫡子信忠《のぶただ》*らを先陣として武田領へ進軍する。武田方の抵抗は意外に弱く、一族の仁《に》科盛信《しなもりのぶ》*が守る天嶮の要害、信濃高遠《たかとお》城（長野県伊那市）も三月二日、半日で陥落した。翌日、勝頼は新府を退去し、早くも一一日、甲斐田野《たの》（山梨県甲州市）で自害に追い込まれる。嫡子信勝《のぶかつ》*、勝頼室で氏政妹の桂林院殿も殉じた。

氏直・氏政は、ようやく勝頼の圧力から解放された。あとは信長との関係を強化して上野の領有を果たすのみ。三月二一日から四月三日にかけて、氏政は立てつづけに信長に礼物を届け、三月二八日には伊豆三嶋神社に「信長公が兼ねて御定めのとおり、御輿を速やかに当方に入れられ（信長息女の氏直への入嫁を指す）、入魂の関係となれば、関八州が氏直の意のままとなるのは歴然」〔三嶋大社文書〕との願書

*木曾義昌　一五四〇～九五。木曾氏当主。義康の子。妻は武田信玄の娘真龍院殿。勝頼の姉婿。

*織田信忠　一五五七～八二。左近衛中将。織田氏当主。信長の子。

*仁科盛信　一五五七～八二。信濃の国衆。高遠城主。盛政の養子。実父は武田信玄。

*武田信勝　一五六七～八二。武田一族。勝頼の子。母は信長の養女龍勝寺殿（実父は遠山直廉）。信長の孫。

武田勝頼夫妻と信勝　持明院蔵

を奉納した。だが信長との縁組は結局実現せず、上野も二三日、滝川一益に与えられる。しかも滝川は「関東八州の御警護」〔「信長公記」〕を命じられており、北条配下の国衆を含む関東の諸家が挙げてこれに靡《なび》いた。氏直・氏政もその管轄下に置かれ、五月には滝川により下野祇園城の接収が断行される。家康がのちに「信長御在世」中の「惣無事《そうぶじ》*」〔「譜《ふ》牒余禄《ちょうよろく》」〕と評したのは、こうした政治状況を指す。

三月一七日、信濃飯田《いいだ》（長野県飯田市）に在陣中の信長が発した書状には「相模の氏政は駿河に出陣し、一廉《ひとかど》の働きをなした」〔宇野文書〕と記されていた。しかし四月三日、氏政が進上した礼物は「お気に召さず」〔「信長公記」〕と送り返されてしまう。二月三日、信長は、諸軍の攻め口を定め、徳川家康には「駿河口」、氏政には「関東口」から武田領に侵攻するよう定めたというが、実際に北条側が織田軍の動きを確認したのは一九日、氏直が陣触《じんぶれ》*を発したのは翌日のこと。二八日までに氏規・氏秀《うじひで》*・太田源五郎らが駿河に侵攻したものの、「後走り（時期遅れ）」〔「信長

* 惣無事　東国で用いられた広域的な戦国大名の和平状態を指す用語。

* 陣触　出陣命令。
* 北条氏秀　?〜一五八三。北条一族。康元の後身またはその子ともいう。

公記」)の誹《そし》りを免れなかった。使者を送るのみで自ら出仕しない氏政の態度にも信長は不満であったという。「一廉の働き」という評価も言葉通りではあるまい。

反豊臣連合への参入　天正一〇年(一五八二)六月二日、織田信長が京都本能寺で明智光秀《あけちみつひで》*に討たれた。この驚くべき一報が小田原にもたらされたのは、一一日の午後二時頃。同日氏政は、滝川一益に今後の全面協力を申し入れる。むろん外交辞令であり、上野領有を目指す氏政が、この好機を逃すはずはなかった。

事実、二日後の六月一三日には氏直が小田原を発ち、氏照・氏邦とともに上野に進軍、一九日には神流川《かんながわ》(群馬県神流町)で滝川軍を破る。そして七月一二日以前、碓氷《うすい》峠を越えて信濃に入り佐久郡を南下して八月七日、甲斐若神子《わかみこ》(山梨県北杜市)に至った。この間、真田昌幸《さなだまさゆき》*や木曾義昌ら信濃の国衆の多くが氏直に来属する。氏政も、六月中旬、相模津久井城(神奈川県相模原市)の内藤綱秀《ないとうつなひで》*を岩殿《いわどの》城(山梨県大月市)、八月、氏忠《うじただ》*と里見義頼《さとみよしより》*の援軍を御坂《みさか》城(同笛吹市)に配置したのち、一〇月、駿河須走口《すばしりぐち》に出陣した。

他方、本能寺の変のおり和泉堺(大阪府堺市)にいた家康も早々に帰国し、七月九日に甲府、八月八日には新府に入って若神子の氏直、御坂の氏忠らと対峙する。兵力では劣っていたものの、信長没後も織田政権との連携を維持していた家康は、九月以降、その利点も生かした巧みな外交戦略により木曾・真田らを氏直から離反させ、上杉景勝や佐竹義重・結城晴朝らと結ぶなどして氏直の背後を脅かした。

＊**明智光秀**　?〜一五八二。織田氏家臣。近江坂本次いで丹波亀山城主。天正三年惟任の苗字を得る。

＊**真田昌幸**　一五四七〜一六一一。信濃の国衆。戸石次いで上田城主。幸綱の子。上野沼田領を支配。

＊**内藤綱秀**　?。北条氏家臣。津久井城主。康行の子。

＊**北条氏忠**　?〜一五九三。北条一族。氏康の子。氏尭の子で養子ともいう。天正一四年佐野宗綱の娘を娶り佐野氏の名跡を継承。

＊**里見義頼**　?〜一五八七。里見氏当主。義弘の子。初名義継。妻は氏政の娘龍寿院殿(鶴姫)。

良正院殿　東京国立博物館蔵

その後一〇月二九日、氏直は信濃佐久郡・甲斐郡内《ぐんない》と家康配下真田昌幸の領する上野沼田領を交換し、上野を北条領、甲斐・信濃を徳川領とする条件で、家康と和睦する。その証として氏直は、翌年八月、家康の娘良正院殿を妻に迎えた。これについて家康は、信忠弟の信雄《のぶかつ》*から、氏直との対陣を収め「諸事について助言をもらいたいと要請があった」〔「譜牒余録」〕ためだとしている。

本能寺の変以降、秀吉主導のもと信忠の子三法師（秀信*）を叔父信雄・信孝《のぶたか》*が後見、秀吉・柴田勝家《しばたかついえ》*らが補佐する体制を整えた織田政権であったが、すでにこの頃、信孝は三法師を美濃岐阜成（岐阜県岐阜市）に囲い、勝家と結んで信雄・秀吉に対抗していた。

秀吉は一〇月、三法師に替えて信雄を織田家の家督に据え、翌年四月には越前に侵攻して勝家を討つ。五月には、信雄が信孝を攻めて自害させた。しかし翌天正一二年二月、信雄も秀吉と断って家康と連携し、家康と結ぶ氏直もまた、その一翼を

＊**織田信雄**　一五五八〜一六三〇。内大臣。織田一族。信長の子。伊勢北畠氏を継承。尾張清州城主。

＊**織田秀信**　一五八〇〜一六〇五。中納言。織田一族。

＊**織田信孝**　一五五八〜八三。織田一族。信長の子、信雄の異母弟。伊勢神戸氏を継承。美濃岐阜城主。

＊**柴田勝家**　一五二二〜八三。織田氏家臣。越前北ノ庄城主。妻の小谷の方（名は市）は信長の妹。

担うかたちとなってゆく。

沼尻合戦と小牧・長久手合戦　家康との同盟により上野は北条領となった。だが真田昌幸は、頑として沼田領の引渡に応じない。天正一〇年（一五八二）閏一二月には氏邦が沼田西方の中山城《なかやま》（群馬県高山村）を落としたが、沼田攻略はならず、かえって厩橋城に拠る北条高広の離反を誘発した。氏直は翌年九月、北条を屈服させたものの、事態は収まらず、一一月には由良国繁・長尾顕長の兄弟が反旗を翻す。兄弟は即座に拘束されたが、家臣らは兄弟の母妙印尼のもとで結束し抵抗を続けた。北条は上杉景勝・佐竹義重、由良・長尾も佐竹のほか宇都宮国綱《うつのみやくにつな》*・結城晴朝らと連携しており、その上杉・佐竹らはまた豊臣秀吉と連絡していた。この構図はその後いよいよ明確化する。

天正一二年三月、信雄・家康は尾張で秀吉と交戦状態に入り、四月九日には家康が長久手《ながくて》（愛知県長久手市）で勝利した（小牧・長久手合戦）。同月、氏直・氏政も長尾顕長の拠点下野足利などを攻め、五月には沼尻《ぬまじり》（栃木県藤岡町）で佐竹らと対峙する（沼尻合戦）。秀吉は佐竹らのほか越後の上杉景勝ら、家康も四国の長宗我部元親《ちょうそかべもとちか》*、越中の佐々成政《さっさなりまさ》*、紀伊の雑賀一揆《さいかいっき》*、根来衆《ねごろしゅう》*らと連携しており、両者の抗争はさらに広域の展開を見せていた。ただ双方とも決定的な戦果はなく、沼尻での北条・佐竹らの対陣は、七月、北条方が交通の要衝《ようしょう》岩船《いわふね》山（栃木県栃木市）を攻略したのを機に講和となる。尾張での織田・徳川と豊臣の対陣も一一月、信雄・家康が相次い

---

* **宇都宮国綱**　一五六八～一六〇八。宇都宮氏当主。広綱の子。母は佐竹義昭の娘。同義重の甥。
* **長宗我部元親**　一五三八～九九。長宗我部氏当主。国親の子。天正一三年春に四国を統一。
* **佐々成政**　一五三九～八八。越中富山城主。盛政の子。
* **雑賀一揆**　紀伊雑賀（和歌山県紀の川市）の一向一揆。鈴木孫一らの雑賀衆とともに本願寺法主顕如光佐を支え、信長・秀吉に抵抗。
* **根来衆**　根来寺の僧兵らからなる軍事集団。

で秀吉と講和するかたちで終結した。

沼尻から退陣した氏直は、翌天正一三年正月、由良・長尾の本拠金山・館林を接収する。小田原にあった由良兄弟は許され、それぞれ桐生《きりゅう》（栃木県桐生市）、足利（同足利市）に入った。次いで四月・八月と氏直は、下野小山領に進んで佐竹・宇都宮らを圧迫し、一二月にはふたたび壬生義雄を服属させる。前月には千葉氏の下総佐倉《さくら》領を接収し、弟の直重《なおしげ》*を千葉氏後継に定めるなど、沼尻合戦後、関東における氏直の攻勢は明らかに加速化していた。この間の閏八月、氏直は家康と呼応して、前月家康を離れ、秀吉に連なる上杉景勝に属した真田昌幸を沼田及び信濃上田《うえだ》城（長野県上田市）に攻めている。真田の頑強な抵抗の前に沼田攻略はならず、家康も敗退したが、氏直と家康との連携そのものは順調に推移していた。

揺らぐ家康との盟約

天正一三年（一五八五）七月、関白に就任し異例のかたちで武家政権を確立した秀吉は、八月、長宗我部元親を攻めて四国を平定し、次いで越中に進んで佐々成政を降す。すでに三月には根来寺を焼き、四月には雑賀一揆を制圧していた。いずれも小牧・長久手合戦で信雄・家康に同調する動きを見せたことへの報復である。これにより秀吉に敵対ないしは服属しない枢要な勢力は、氏直・家康のほか、奥羽の伊達政宗、九州の島津義久《しまづよしひさ》*のみとなった。

佐々攻めに先立つ同年六月、秀吉は宇都宮国綱に「連年富士山を一見したいと願っており、そのおりに対面したい」（「御文書」）、上杉景勝にも「佐々攻めのさいに

---

* **千葉直重**　?〜一六二七。千葉氏当主。邦胤の養子。実父は氏政。佐倉領への入部は天正一七年八月。

* **島津義久**　一五三三〜一六一一。島津氏当主。貴久の子。

コラム

当主と隠居・叔父

隠居後、氏政は「有効」の印判を用いた。氏康の「武栄」が多くの場合、当主の虎印判の代用として用いられたのに対し、それは主に氏照らと同様な形で領域支配の遂行に用いられた。氏政は当主に代わる立場というより、支城領主などとしての独自の政務遂行のために「有効」印判を使用したのである。となれば当然、隠居氏政による当主氏直の政務執行への関与は、氏康の場合に比べ小さかったと見なくてはならない。ただ実際のところ、氏直時代においては、父氏政が実質的な最高実力者の地位を占めていたとされる。特に外交面で氏政が主導性を発揮していたことはまちがいない。氏直側近の多くが氏政以来の重臣で固められていたことが要因の一つのようだ。氏康時代に父―子、氏政時代に兄―弟を主体としていた当主と支城領主ら一族との関係が、氏直時代には子―父・叔父へと移行していたことも、氏直の政務執行に制約を与えていたであろう。

こうした状況の中、天正一三年には岩付領が氏房へ、同一七年には佐倉領が直重へと、いずれも氏直の弟に継承される。同じく氏直弟で、それぞれ氏照・氏邦の養子に入っていた源蔵《げんぞう》・直定《なおさだ》も、八王子領・鉢形領の継承者として予定されていたにちがいない。いずれも氏政主導で行なわれたと見なくてはならないが、当時の北条氏の領国支配体制が子―父・叔父型から兄―弟型への回帰に向かっていたことは事実といえよう。豊臣政権との交渉に臨む北条氏は、まさにそうした過渡期にあった。

豊臣秀吉　高台寺蔵

対面し、小田原攻めについて申し述べたい」(「上杉家記」)と伝えている。秀吉が長宗我部らと同様、家康に与《くみ》する氏直への攻撃を企図していたことは明らかであった。一〇月、氏直は家康との連携を強化すべく「御家老の衆二十人」(「家忠日記」)の起請文を家康に呈し、家康もまた主だった重臣の起請文を氏直に送っている。

一一月、家康配下の小笠原貞慶*、重臣の石川数正《いしかわかずまさ》*が秀吉に属す。秀吉は家康への圧迫を強め、翌月、来年正月に家康を攻めると真田昌幸に伝え、翌年正月には上杉景勝にも二月に尾張に出陣すると報じた。京都市中でも「(秀吉の)東国への御出陣があるらしい」(「兼見《かねみ》卿記《きょうき》」)との噂が頻りとなる。天正一三年一一月以降、家康は岡崎《おかざき》城(愛知県岡崎市)の修築を進め、氏直も翌年正月から二月にかけて、小田原城や伊豆韮山城を普請するとともに、小田原〈新宿〉の鋳物師《いもじ》に「中筒」を製造させるなどして、秀吉の来襲に備える。

ところが天正一四年二月、家康は織田信雄の意見を容れてふたたび秀吉と和し、

* 小笠原貞慶　一五四六〜九五。小笠原氏(信濃府中)当主。長時の子。
* 石川数正　?〜一五九三。徳川氏家臣。三河岡崎城代。

秀吉の東国出陣はにわかに回避された。以後両者は急速に接近し、五月に秀吉の妹旭姫《あさひめ》*が家康に輿入れ、一〇月には家康の上洛を促すため秀吉の母天瑞院《てんずいいん》*が岡崎に下る。同月家康は、大坂城に入り秀吉に服属の意を示した。

この年三月、氏政と家康が伊豆三島などで会談していた。秀吉への対応、盟約の

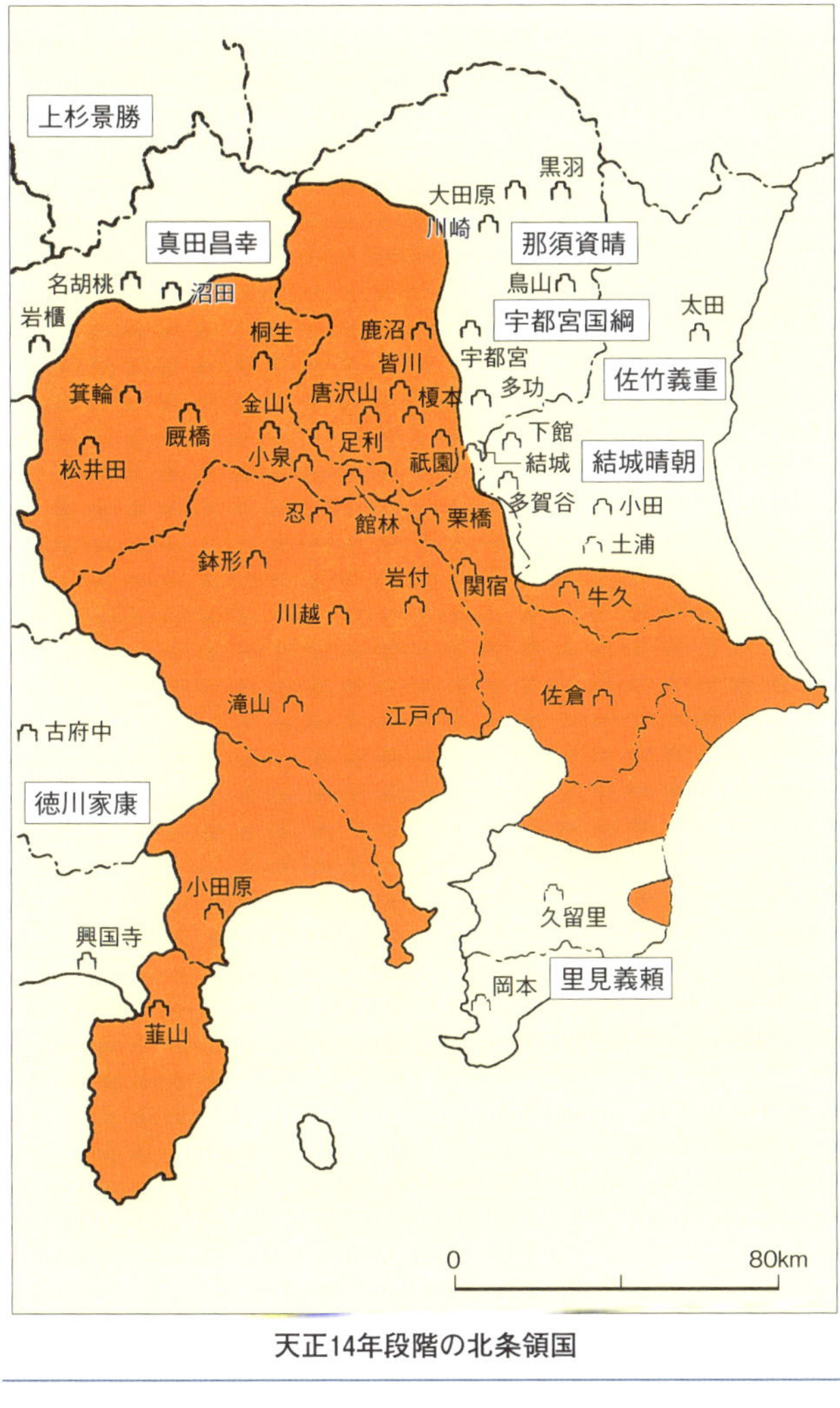

天正14年段階の北条領国

＊旭姫　一五四三〜九〇。法名総旭。秀吉の妹。父は竹阿弥。これ以前佐治日向守または福田吉成に嫁していたという。

＊天瑞院　?〜一五九二。法名宗桂。名は仲。秀吉と姉の智子、異父の弟秀長・妹旭姫の生母。

維持などが話題となったにちがいない。これをうけての北条側の意向は、その後家康と秀吉との折衝が佳境に入った一〇月から一一月、氏直が両者の交渉が決裂すれば「かの国（駿河＝家康）を見つぐ」（『別本《べっぽん》士林証文《しりんしょうもん》』）ことを表明し、氏邦や配下の国衆らに戦闘準備を命じている事実からも明確だが、家康の胸中は知られない。

関東「惣無事」をめぐる駆引

天正一四年（一五八六）六月、家康との関係が改善されるなか、秀吉は、上杉景勝と諮り真田昌幸を家康に帰参させた。北条側の意向も汲んでか、八月、家康は秀吉の承認を得て真田攻めの動きを見せるが、翌月、秀吉の指示で中止となる。家康の早期上洛を望んでのことらしい。一方の氏直は、五月、佐竹方の皆川広照を服属させ、八月には下野唐沢山城を接収して、同年正月、長尾顕長に討たれた佐野宗綱の名跡を叔父氏忠に継承させる。氏直の圧力は、着実に佐竹・宇都宮らを追い詰めつつあった。

秀吉が、北条氏を含む関東諸氏に対し「惣無事」の実現を家康に委ねたことを通達したのは、その直後の一二月のこと。そこで秀吉は、諸氏による私戦の禁止を前提として、これに「異議があってはならない。背く者があれば成敗する」（伊達文書他）と明言していた。

氏直への連絡は、同盟関係にある当の家康自身が取り次いだと見られる。北条側の対応は知られないが、翌年正月から二月にかけて行なわれた小田原城の普請が、秀吉の来攻に備えたものであったことは疑いない。五月には信越国境に近い上野の松《まつ》井《い》田《だ》城（群馬県安中市）・箕輪城（同高崎市）、七月には金山城、一一月には箱根外《がい》輪山《りんざん》西方の伊豆山中《やまなか》城（静岡県三島市）、駿相国境上の足柄城（静岡県小山町等）などの普請も行なわれた。

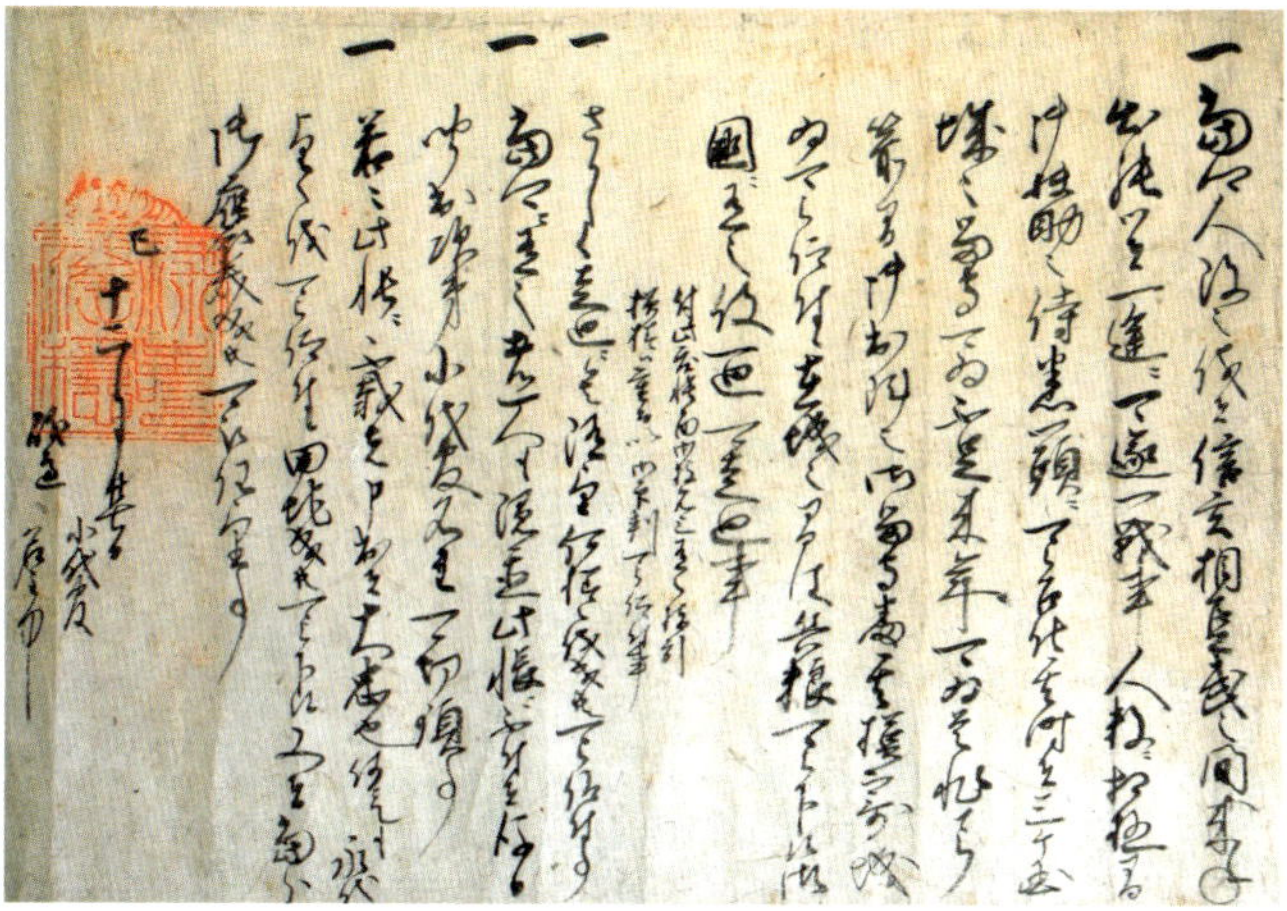

人改令〔永禄12年12月〕　富士山本宮浅間大社蔵

さらに七月、一五歳以上七〇歳以下の者から、万一の場合に召し使う者を選び出すよう命じる人改令が領内に下される。武田信玄との抗争が激化していた元亀元年（一五七〇）以来のことで、動員人数はほぼ貫高二〇貫文につき一名、選ばれた者には弓・鑓《やり》・鉄砲などの武具を用意し「腰さし類はひらひらと武者らしく見えるように支度《したく》」〔小沢文書他〕することが求められた。

この年五月、秀吉は、かねて大友宗《おおともそう》麟《りん》*との講和勧告を拒んでいた島津義久を討ち、九州を収めた。家康の臣従により東国の情勢がいちおうの安定を得たことが契機となったのであろう。と

＊　大友宗麟　一五三〇～八七。大友氏当主。豊前・豊後・筑前・筑後・肥前・肥後の守護。義長の子。宗麟は法名、実名は義鎮。

はいえ直前の二月、秀吉は上杉景勝に、氏直が関東「惣無事」を蔑ろにし佐竹らを攻めれば小田原討伐の後詰《ごづめ》を命じると伝えている。氏直にとっても、事態は予断を許さぬ状況にあった。

伊達政宗との交信

天正一四年（一五八六）一一月、氏直は出羽米沢城《よねざわ》（山形県米沢市）の伊達政宗*からの音信に応え、今後の協力を約する旨の書状を送った。政宗は、前年一一月、陸奥人取橋《ひととりばし》（福島県本宮市）で佐竹義重・白川義広《しらかわよしひろ》*に勝利したことなどを伝え、ともに佐竹らを攻めるよう要請してきたのであろう。

氏康・晴宗《はるむね》*の代の永禄三年（一五六〇）以来、両家は断続的な交渉をつづけていた。沼尻合戦直前の天正一二年三月にも、氏照が晴宗の後継輝宗に氏直と家康とが骨肉の関係を結んだことを伝え、従来どおり連携して佐竹らに当たるよう求めている。同年一〇月に輝宗が隠居し政宗が継ぐと、氏照は翌年二月、その政宗にも輝宗同様に氏直と好《よしみ》を通じるよう要請していた。

両氏の連携は、共通の敵佐竹・宇都宮らへの対抗上有効であり、以後も氏直は、小田原合戦の開戦直前まで、政宗やその重臣片倉景綱《かたくらかげつな》*らと交信を重ねてゆく。

氏規の上洛

天正一五年（一五八七）九月、宇都宮国綱が、北条方の壬生領に近い倉ケ崎城《くらがさき》（栃木県日光市）を再興した。氏直は、ただちに氏照を差し向け、これを攻略した。氏政も後詰のため江戸方面に出陣しており、それは北条氏にとってほぼ一年ぶりの大規模な軍事行動となったが、氏直自身の出馬が見られないのは、関

＊伊達政宗　一五六七〜一六三六。伊達氏当主。輝宗の子。

＊白川義広　一五七五〜一六三一。白川氏当主。義親の養子。実父は佐竹義重。

＊伊達晴宗　一五一九〜七七。伊達氏当主。奥州探題。稙宗の子。

＊片倉景綱　？〜？。伊達氏家臣。政宗に近侍。

東「惣無事」を意識してのことかもしれない。

一二月、またも秀吉の関東出陣の風聞が伝わる。明確な徴証は見出されないものの、島津討伐の直後であり、タイミングとしてはありえた。北条側は急速に戦闘準備を進める一方、氏規らを通じて秀吉側近の施薬院全宗《やくいんぜんそう》*らとの和平交渉に努め、翌年の三月中旬までに危機は回避される。一九日に氏直が「この度一か条願うところがあって祈念を申し付けたところ、異議なく成就した」〔西光院《さいこういん》文書他〕と小田原西光院などに社領を寄進《きしん》しているのは、これに関わるであろう。

ただ五月六日、家康家中の松平家忠《まつだいらいえただ》は、その日記に「北条と秀吉との交渉が破談したようだ」〔『家忠日記』〕と記し、宣教師オルガンティーノ*も、四月二一日（ユリウス暦五月六日）付でフロイス*に「坂東の戦（秀吉の小田原攻め）は七月（ユリウス暦五月）にはすでに（挙行される）と言い触らされている」〔『日本史』〕と報じている。ほどなくして両者の関係はふたたび悪化したらしい。四月一四日、秀吉は家康以下の大名衆を率い、新造なった聚楽第《じゅらくだい》に後陽成《ごようぜい》天皇を迎えていた。秀吉が氏直にも参列を求めていた可能性はあろう。五月には、家康が氏直・氏政に、同月中に氏政の兄弟衆を上洛させ秀吉に臣従せよ、納得できなければ良正院殿を返せと伝えてきた。同盟破棄をも辞さない家康の決意を察したのか、氏直は氏規を上洛させることを決意する。

氏規は八月一七日、相国寺《しょうこくじ》に入り、二二日、聚楽第で聖護院道澄《しょうごいんどうちょう》*、信雄・家

* 施薬院全宗　一五二六〜九九。施薬院使、大医院。宗忠の子。曲直道三に師事。

* オルガンティーノ　?。イエズス会の宣教師。元亀元年来日。

* フロイス　一五三二〜九七。イエズス会の宣教師。永禄六年来日。天正一一年以降「日本史」の編纂に従事。

* 道澄　一五二五〜一六〇八。近衛稙家の子、前久の弟。

聚楽第図屏風（部分）　三井文庫蔵

康・上杉景勝や右大臣菊亭晴季《きくていはるすえ》*・准大臣勧《か》修寺晴豊《じゅうじはれとよ》*ら並みいる公家衆が参列するなか、はるか末席から秀吉に拝謁した。彼我《ひが》の地位の格差を実感したにちがいない。その後二八日、参内《さんだい》して後陽成天皇に太刀と馬を進上した氏規は、翌日、早々に帰国の途につく。

名胡桃事件　在京中に氏規は、秀吉に沼田領問題の解決を求めた。出仕の条件として提示したのであろう。秀吉は、詳細を知る者を上洛させよと、前向きの対応を示す。これをうけて氏直は、翌天正一七年（一五八九）二月、板部岡融成《いたべおかゆうせい》*を秀吉のもとへ派遣、その上申に接した秀吉は、氏直・氏政のいずれかが上洛する旨の証文を提出すれば、沼田領のうち名胡桃領を除く三分の二を北条氏に与えるとの裁定を下した。

六月、約束通り氏直は交渉窓口の妙音院《みょうおんいん》*と一鷗軒《いちおうけん》*に「極月《ごくげつ》上旬にここもと（小田原）を出立」〔岡本文書〕との氏政の上洛予定を記した証文を呈す。そして八月、沼田領三分の二が北条方に引き渡され、猪俣邦憲《いのまたくにのり》*が沼田城に入った。残るハードル

---

* **菊亭晴季**　一五三九～一六一七。公彦の子。初名実維。
* **勧修寺晴豊**　一五四四～一六〇二。晴右の子、尹豊の孫。
* **板部岡融成**　？。北条氏家臣。氏政・氏直に近侍。融成は法名。江雪斎と称す。
* **妙音院**　？～一五八九。豊臣秀吉に近侍。北条氏との交渉に当たる。
* **一鷗軒**　？。宗虎。医師。豊臣秀吉に近侍。天正六年四月、氏政に医学書を伝授。妙音院とともに北条氏との交渉を担当。
* **猪俣邦憲**　？～一五九〇。北条氏家臣。氏邦の配下。上野箕輪・沼田城主。

は氏政の上洛のみ。六月下旬、氏直は家中にこれに関わる指示を下し、氏政自身も七月、上洛に「多くの人数は不要だ。命じられた人数を油断なく準備せよ」〔内田文書〕と氏邦に伝えた。一〇月一四日には、氏忠が必要な経費の割当分を同月中に調えるよう配下に命じている。

　ところが一一月、「北条が名胡桃城を攻めて城主を討ち占拠した」〔真田文書〕との一報が秀吉に伝わる。

　同三日以前に起きたと見られるこの事件は、氏政の指示で沼田在城の猪俣邦憲により遂行されたとされ、その前提には名胡桃領が真田に安堵されたことへの不満があったという。ただ名胡桃城二の丸にあった中山九郎兵衛*が謀略により城代鈴木主水《すずきもんど》*を追出し北条軍を引入れた、とする真田方の所伝は、事件が真田家中の対立に起因していたことを窺わせている。

名胡桃城址

　直後の一一月五日、氏直近臣の山上久忠《やまがみひさただ》*が猪俣のもとへ派遣され、ほどなく中山が小田原に召喚されて、中山から事件に関わる書付《かきつけ》が呈される。一二月九日付の家康宛書簡で氏直は「名胡桃は決して当方から乗っ取ったのではない。城主中山の

* 中山九郎兵衛　?。真田氏家臣。鈴木主水の義弟。
* 鈴木主水　?。真田氏家臣。中山の謀略を知り自害したという。
* 山上久忠　?。北条氏家臣。氏直に近侍。小田原合戦後も氏直に従う。

書付が証拠だ」と弁明しているから、そこには北条方の行動を正当化しうる情報が記されていたにちがいない。

二日前の七日、富田一白《とみたいっぱく》*・津田盛月《つだもりつき》*に宛てた書簡でも氏直は、その一節にある「越後衆（上杉軍）が途中まで出陣し、信濃川中島と知行替えと申してきたので、実否を糾した上、それ以来沼田から加勢した」との記載を引き、「越後は長年敵対している仇敵であり、川中島を領することになれば沼田は一日も安泰でない」（「武家事紀」）とコメントしていた。本能寺の変後、滝川一益を破り上野から信濃へ進軍した氏直に真田昌幸が帰属した、天正一〇年七月頃の軍事動向に関わるものともされる。

断片的な中山書付の記載から氏直の主張の詳細を把握することは難しいが、ともかくも氏直は、名胡桃の件に関し、これを根拠に真田と「対決」（「武家事紀」）する意向を家康らに表明する。しかし時すでに遅し、それは叶わぬままに終わった。

「御腹立ちの御書付」

名胡桃事件の一報がもたらされる以前の天正一七年（一五八九）一一月四日、秀吉は天徳寺宝衍《てんとくじほうえん》*に「もし今月（一一月）に（氏政の）上洛がなければ、来月二〇日（関東への）の陣触を発する」（高橋六右衛門氏所蔵文書）と漏らしていた。同二〇日にも秀吉側近の和久宗是《わくそうぜ》らが伊達家中の桑折宗長《こおりむねなが》*らに「（氏政の）年内上洛が果たされなかったので、（秀吉から）来春小田原に出陣するとの仰せがあった」（伊達文書）と報じている。先の氏直証文の記載にもかかわらず、当

---

* 富田一白　?～一五九九。豊臣氏家臣。実名は信広・長家ともいうか。
* 津田盛月　?～一五九三。豊臣氏家臣。中川重政の弟。
* 天徳寺宝衍　?～一六〇一。佐野一族。豊綱の子、昌綱の弟。
* 桑折宗長　?～一六〇一。伊達一族。貞長の子。

時の秀吉が氏政上洛の時期を一一月中と認識していたことが知られよう。

沼田領の引き渡し以来氏直から秀吉への連絡はなく、秀吉側の窓口妙音院らにも交渉の過程で「独断による勝手な所行」〔富岡文書〕があったという。それゆえ両者の交渉はいまだ不熟であり、おりから一一月二二日以前に京着した氏直の使者石巻康敬《いしまきやすまさ》*は「また氏政は上洛なし」と秀吉の「逆鱗《げきりん》」〔「鹿苑日録《ろくおんにちろく》」〕に触れ、対面を許されなかった。秀吉が求めていたのは、あくまで氏政の上洛であり、同二四日付で氏直に宛てた秀吉の「御腹立ちの御書付」〔「古証文」〕、いわゆる宣戦布告状を携え、小田原に下った富田・津田の使命も、氏直に「今月（一一月）中に出仕しなければ御成敗《ごせいばい》」〔「家忠日記」〕あるべし、との秀吉の意向を伝えることにあった。

だが氏直は、氏政の上洛遅延との判断の不当を訴え、中山書付を論拠に名胡桃事件に関する弁明などに努めることに終始する。秀吉が小田原攻めの最終決断を下したのは、おそらく一二月の初旬、この氏直の対応を見てのことであろう。

開戦は、いよいよ目前に迫っていた。秀吉にとっては天下一統、氏直にとっては始祖宗瑞以来築き上げてきた関東支配を死守するための戦いである。その経過については章を改めて見ることにしよう。

＊石巻康敬　?。北条氏家臣。御馬廻衆。家貞の子。

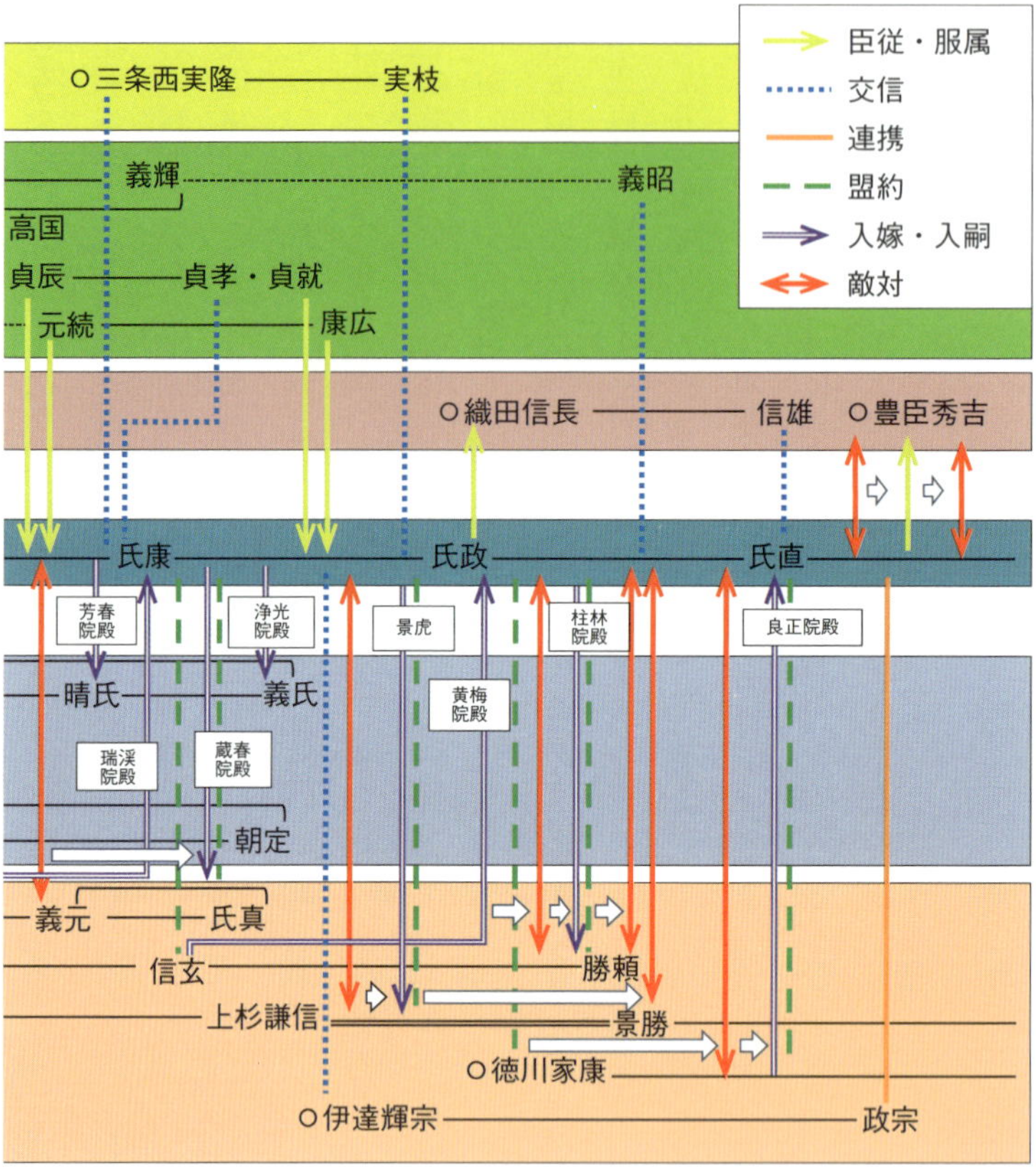

臣従・服属
交信
連携
盟約
入嫁・入嗣
敵対
○三条西実隆
実枝
義輝
義昭
高国
貞辰
貞孝・貞就
元続
康広
○織田信長
信雄
○豊臣秀吉
氏康
氏政
氏直
芳春院殿
浄光院殿
景虎
柱林院殿
良正院殿
晴氏
義氏
黄梅院殿
瑞渓院殿
蔵春院殿
朝定
義元
氏真
信玄
勝頼
上杉謙信
景勝
○徳川家康
○伊達輝宗
政宗

人物相関

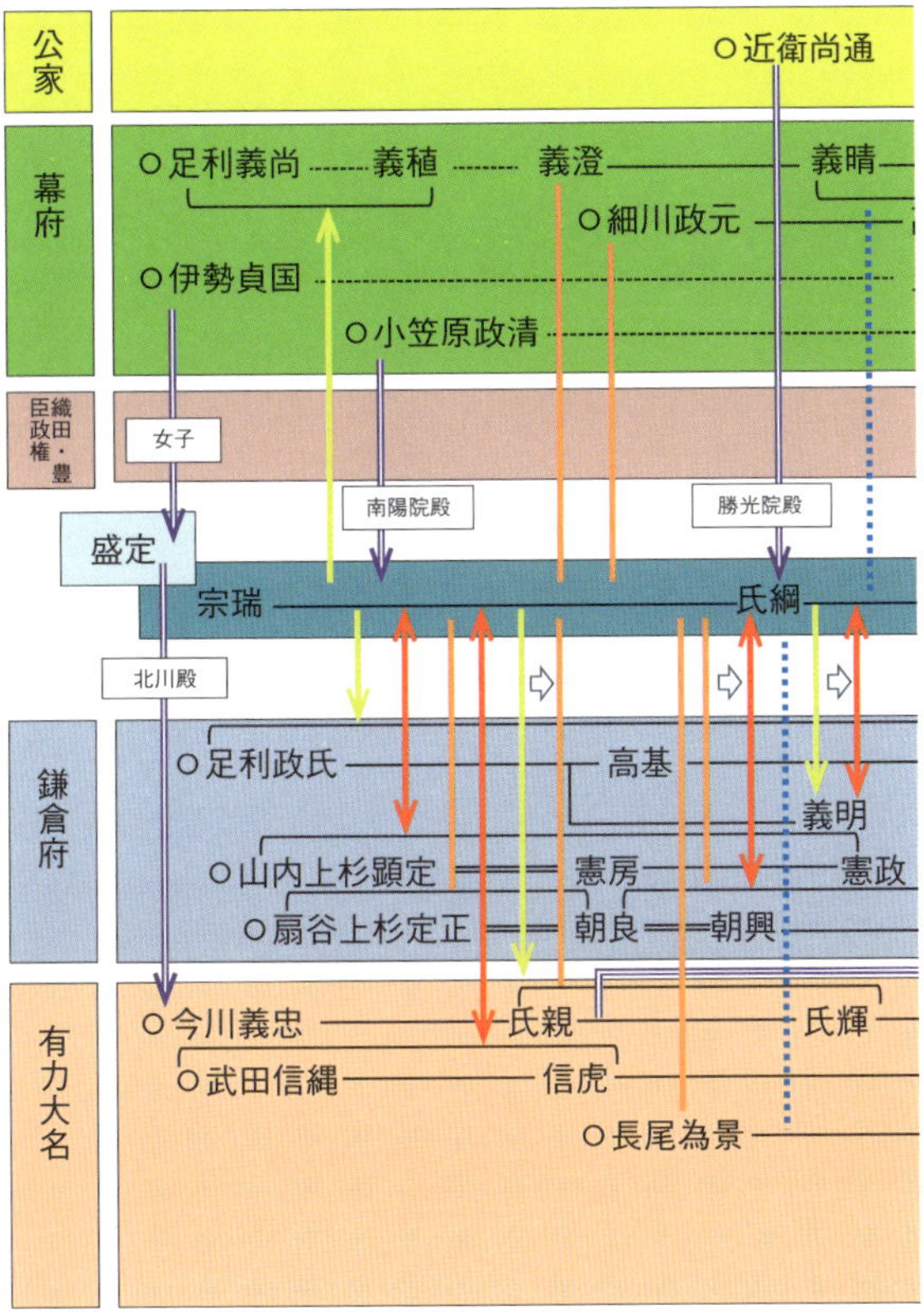
公家
○近衛尚通
幕府
○足利義尚
義稙
義澄
義晴
○細川政元
○伊勢貞国
○小笠原政清
織田・豊臣政権
女子
南陽院殿
勝光院殿
盛定
宗瑞
氏綱
北川殿
鎌倉府
○足利政氏
高基
義明
○山内上杉顕定
憲房
憲政
○扇谷上杉定正
朝良
朝興
有力大名
○今川義忠
氏親
氏輝
○武田信縄
信虎
○長尾為景

Ⅱ 領国支配の展開と城郭

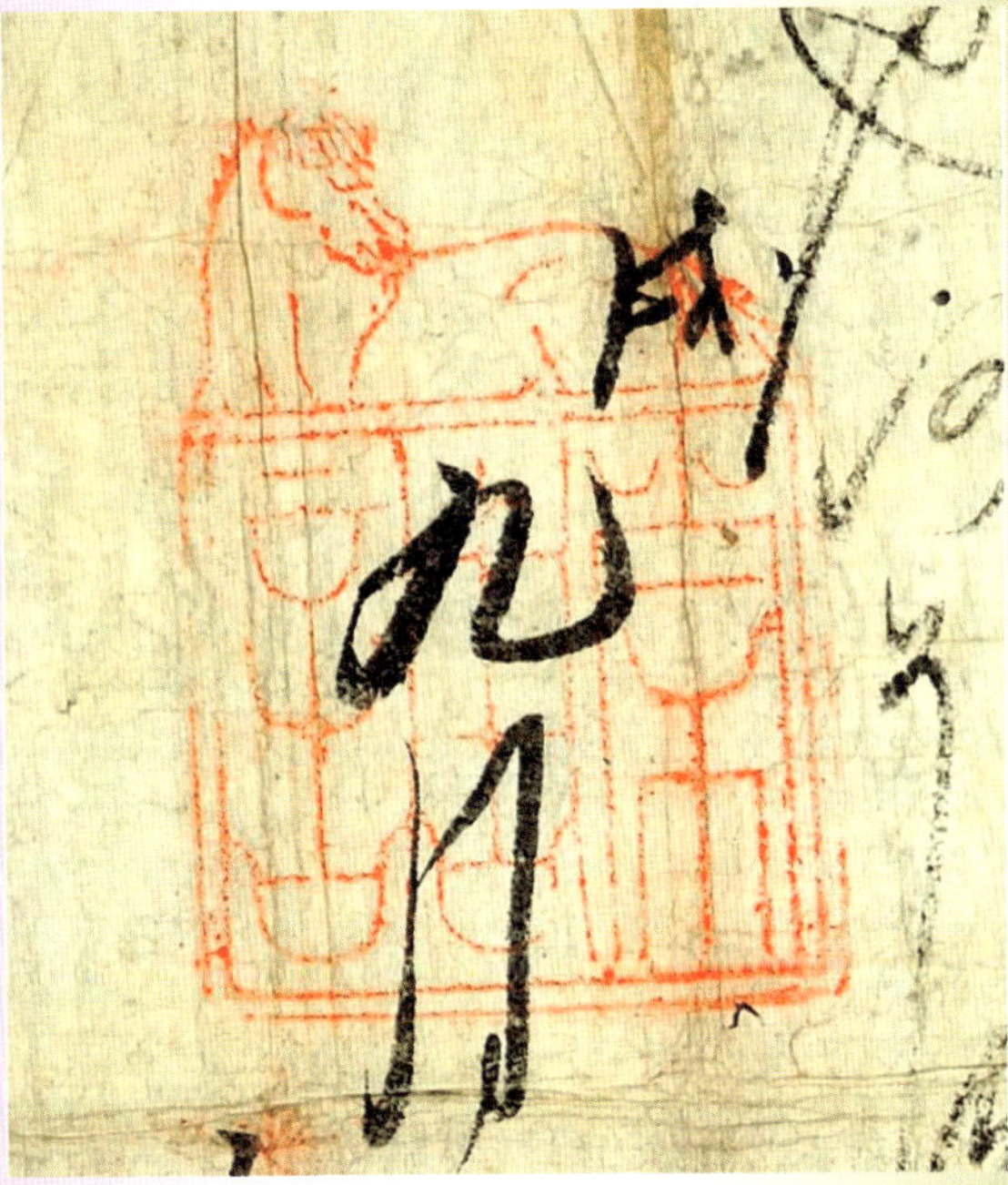

「常調」印判

一　小田原城の成立と発展

宗瑞入手以前

応永二三年（一四一六）、関東公方足利持氏《もちうじ》＊は、駿河御厨（静岡県御殿場市周辺）の領主大森頼春《おおもりよりはる》＊に相模小田原（神奈川県小田原市）一帯の地を与えた。上杉禅秀《うえすぎぜんしゅう》の乱＊で自身を支援した功績に報いたものだ。

同二八年、その子憲頼《のりより》＊が小田原に近い飯田岡《いいだおか》（同市）を御厨の二岡権現《にのおかごんげん》に寄進しているところなどを見ると、頼春は小田原方面の支配を憲頼に行なわせたらしく、小田原城もまた康正年間（一四五五～七）頃、享徳《きょうとく》の大乱＊の最中に憲頼が築いたと考えられている。

小田原は鎌倉時代の後期以降、現本町《ほんちょう》の松原《まつばら》神社の門前、北条時代に〈宮前《みやのまえ》町〉と呼ばれた区域を中心に、宿《しゅく》（＝交通集落）として発展した。それは箱根越えの東海道＝湯坂《ゆさか》道、＊これと交差する熱海《あたみ》道＊・甲州《こうしゅう》道＊などの交通量の増加を前提としていたと見られている。応永一四年には関所の存在も確認され、いよいよ交通繁多な状況にあったことが窺えよう。当時の関所は、関銭《せきせん》徴収を目的として設置されていた。

憲頼は、日常生活の面での利便性などから、この宿にほど近い場所に居館を定め

＊ **足利持氏**　一三九八～一四三九。四代関東公方。満兼の子。永享一〇年、将軍足利義教に叛し討たれる（永享の乱）。

＊ **大森頼春**　？～一四六九。頼明の子。

＊ **上杉禅秀の乱**　応永二三年八月、前関東管領上杉氏憲（禅秀）が将軍足利義持の弟義嗣らと通じて起こした関東公方足利持氏に対する叛乱。一時は持氏を駿河に追ったが、翌年正月、今川範政ら幕府の討伐軍によって鎮圧された。

＊ **大森憲頼**　？～一四六七。頼春の子。永享の乱・享徳の大乱で足利持氏・成氏を支援。

＊ **享徳の大乱**　享徳三年一二月、関東公方足利成氏が関東管領山内上杉憲忠を謀殺したのち、文明一四年一一月の都鄙の合体に至るまで二九年におよぶ争乱。この過程で成氏は鎌倉から下

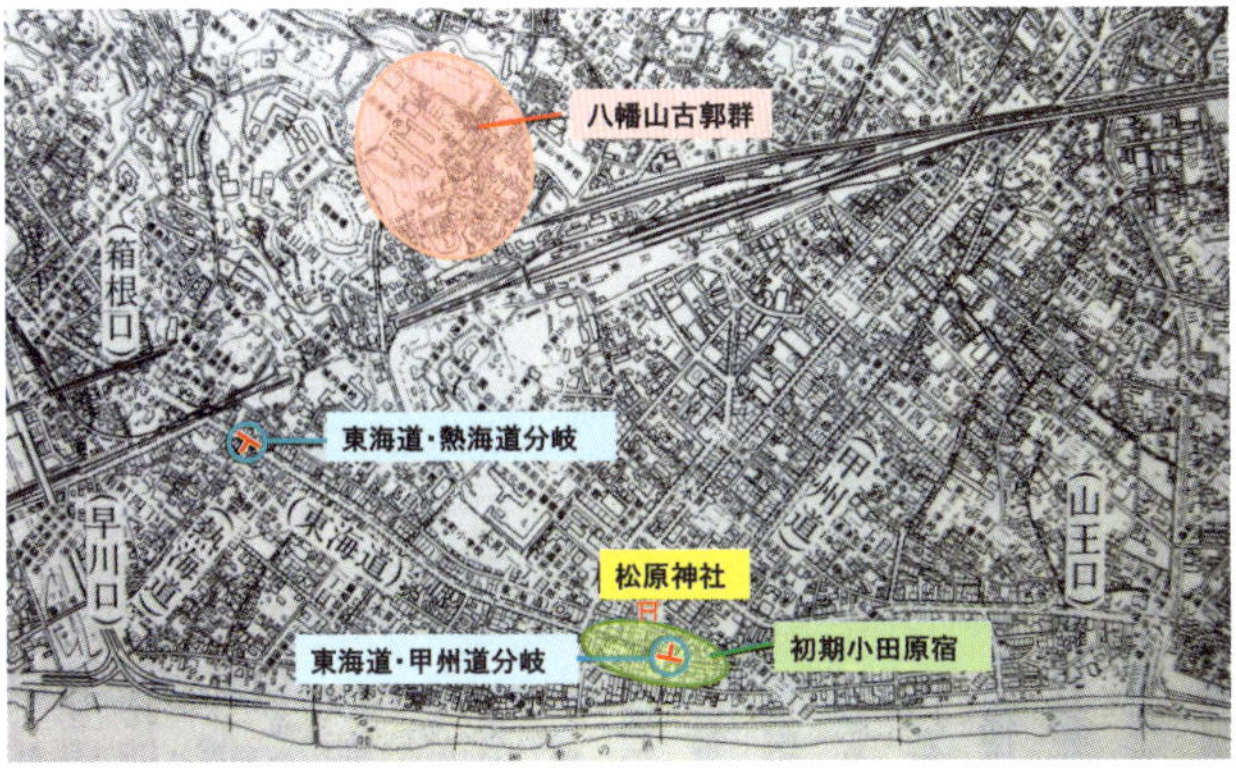

鎌倉後期～戦国初期の小田原　『小田原市史　通史編』

ていたと想定されよう。永享四年（一四三二）には、足利持氏から一族の氏頼《うじより》*が小田原関所の管理を命じられており、この面からも大森氏は、宿の近くに拠点を構える必要があったと考えられる。その後享徳の大乱の勃発にともない、防衛の拠点として要害＝小田原城を築いたのであろう。

大森時代の居館・要害の遺構などは確認されていないが、要害は宿西方の八幡《はちまん》山上、現城山の〈八幡山古郭群《こかくぐん》〉と呼称される高所に展開していたとされる。

居館に関しては、宿に近く、現在は埋没した〈蓮池《はすいけ》〉と現〈二の丸東堀〉〈南曲輪南堀〉などの原型をなす池沼で北・東・南の三方を囲まれた現本丸・二の丸一帯が、有力な比定地の一つとして挙げられよう。

氏綱・氏康時代の姿

宗瑞が小田原城を入手したのは明応五年（一四九六）七月から文亀元年（一五〇一）三月の間。その本拠は伊豆韮山城（静岡県伊豆の国市）であり、いまだ相模西郡の軍事拠点、支配拠点にすぎなか

総古河に移り、長禄元年一二月には将軍足利義政の弟政知が成氏に代わる関東公方として伊豆堀越に下向。

* 湯坂道　箱根越えの東海道。伊豆三嶋から箱根峠を越え、元箱根・芦の湯、鷹巣山・浅間山・湯坂山の尾根伝いに湯本に至り小田原に通じる。一三世紀頃から足柄峠を経由する足柄道に代わり、東海道の本道となった。

* 熱海道　小田原早川口で東海道と分岐、海沿いに伊豆山権現に至る。

* 甲州道　松原神社近くで東海道と分岐、多古をへて中郡、関本方面に通じる。

* 大森氏頼　?～一四九四。頼春の子、憲頼の弟。享徳の大乱のさい、扇谷上杉定正・太田道灌と結び、古河公方足利成氏を支援する憲頼・成頼父子と対立、文明一〇年の道灌による成頼討伐後、小田原城主となる。

ったが、永正一五年（一五一八）九月、二代氏綱の家督継承とともに北条（伊勢）氏の本拠地となった。

すでに小田原に在城していたとされる氏綱は、宗瑞の存命中から要害の整備に着手していたにちがいない。大永二年（一五二二）、二の丸北側に所在した〈蓮池〉に浮かぶ中島に、城の鬼門《きもん》守護のため弁財天を勧請《かんじょう》したというのも、そうした整備の一環と見ることができる。

天文二〇年（一五五一）四月、小田原で氏康に接見した京都南禅寺《なんぜんじ》の東嶺智旺《とうれいちおう》*は、知友の僧に「太守の塁（小田原城）には喬木《きょうぼく》が繁茂し、建物は高館巨麗《こうかんきょれい》で三方に大池がある」（『明淑録《みんしゅくろく》』）と報じている。「三方」の「大池」は〈蓮池〉などの原型と見られ、これは現本丸・二の丸部分に展開する「太守の塁」全体の威容を評したものであろう。そこは、先に大森館の故地と推定した一画で、八幡山上に所在したとされる要害は東嶺の視界の外にあり、当時この区画が要害の主体部分と認識されていたことが窺える。

それから六年ほど前の天文一四年二月、氏康の「館」に招かれた連歌師の宗牧《そうぼく》*は、庭の植栽を潤す掛樋《かけい》の水の有様を「雨のようだ」（『東国紀行』）と伝えている。池も付設されており、高所の水源確保や揚水《ようすい》などにより、この氏康「館」の庭では水がふんだんに用いられていたようだ。東嶺のいう「三方」の「大池」に囲まれた立地にいかにもふさわしい。

＊ **東嶺智旺**　?。南禅寺二六一世。天文二〇年四月、小田原で氏康に接見、伝馬手形を下され鎌倉方面を周遊。

＊ **宗牧**　?〜一五四五。越前一乗谷の出身。宗長・宗碩に師事。永正一七年以降京都にあって近衛尚通・三条西実隆らと交流。天文一三年、子の宗養とともに尾張・駿河をへて小田原を訪問。

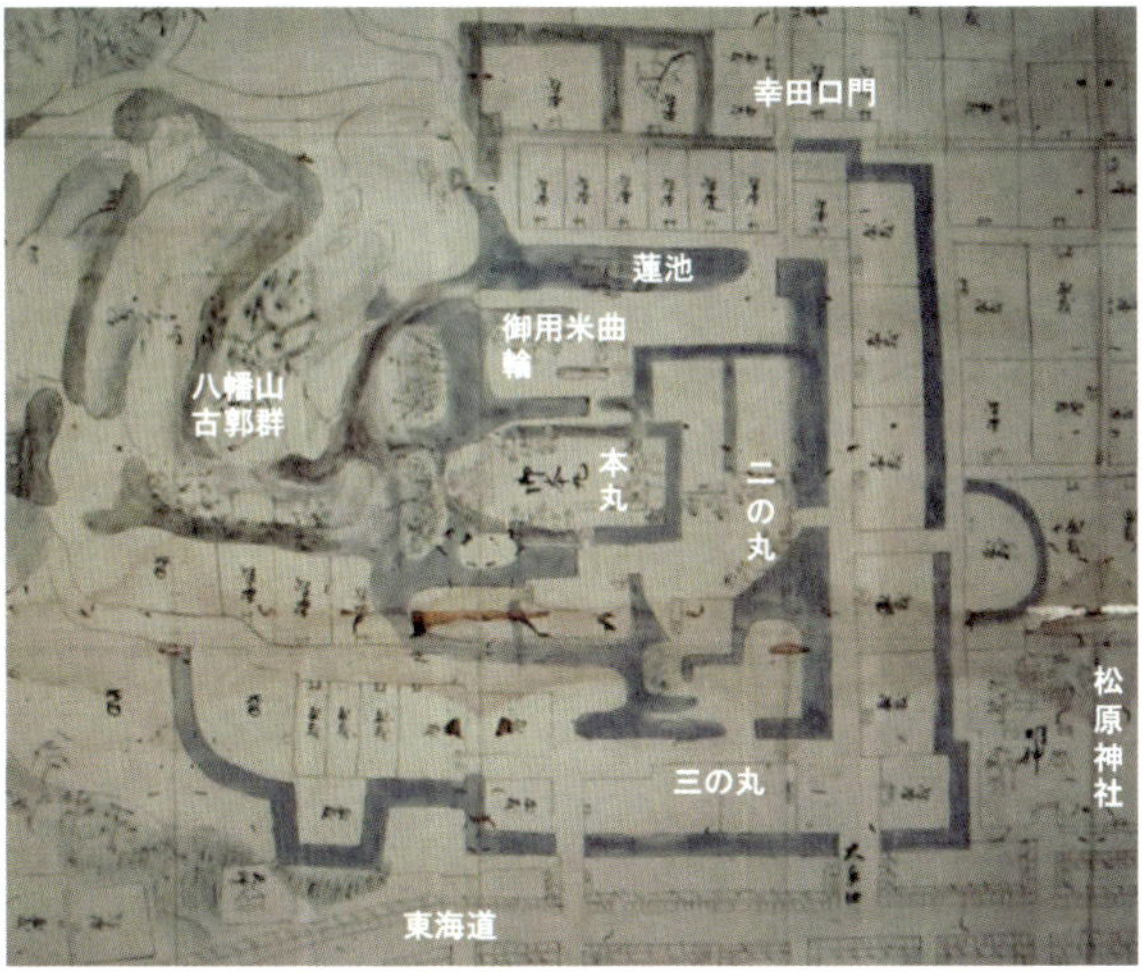

相州小田原古絵図（部分）　慶長19～寛永８年頃に描かれた最古の小田原城絵図　小田原市立図書館蔵

永禄元年（一五五八）四月に古河公方足利義氏が訪問した小田原の「氏康私宅」（「鶴岡八幡宮社参記」）は、寝殿《しんでん》と会所《かいしょ》からなっていた。おそらく宗牧が訪ねた「館」と同一の建物であり、宗牧のいう池は寝殿に付属するもので、「三方」の「大池」そのもの、あるいはこれと一体のものであった可能性が高いであろう。

宗牧はまた、氏康からその水源が「箱根の水海《みずうみ》（芦ノ湖《あしのこ》）」と聞かされ驚いた、と書き留めていた。芦ノ湖に源を発する早川《はやかわ》の流れを引き、東海道に沿って敷設された「小田原用水」からの取水ということであろう。「大池」の後身とされる現〈二の丸東堀〉〈南曲輪南堀〉などへの「小田原用水」からの取水は、地形的には可能なものの、当時の遺構は確認されていない。

「本城」はどこか

三代氏康は、永禄三年（一五六〇）初頭に隠居したのち「御本城様《ごほんじょうさま》」と呼ばれた。小田原城内の一画を占める「本城」に居住したためである。そこには兵粮などを保管する「大蔵」があり、氏康はその管理にも当たっていた。

一般に城の本丸を指す「本城」。小田原城に関しては、かつてこれを〈八幡山古郭群〉の一帯に比定する見方があった。しかし「大蔵」には年貢などを納める百姓らの出入もあったから、その位置を城の奥深くの同区画とするのは疑問であろう。小田原訪問中の宗牧が幻庵宗哲の案内で散策した「後園の山家《やまが》」、安房・上総の浦々や鎌倉山までもが遠望されたというその場所は、〈八幡山古郭群〉周辺の高所と推定するのが自然だが、近景で目に留まったのは鄙《ひな》びた「茶屋」〔「東国紀行」〕のみであった。

注目すべきは、現本丸高台の北側に位置する〈御用米曲輪《ごようまいくるわ》〉である。近世の当該区画には兵粮蔵が置かれていた。「相模国小田原城絵図」〔正保三年～承応三年頃〕に「百間蔵」とあるのがそれで、天正一六年（一五八八）七月一三日付の虎印判状に見える「三間梁百間之御蔵」〔山田文書〕の後身ともいう。同一九年閏正月、上洛の途中で小田原城に立ち寄った伊達政宗が「兵粮・兵具の蔵は際限がなく、何事にも不足はない」〔「貞山公治家記録」〕と評した施設も、これに該当する可能性がある。近世以降、小田原城の諸曲輪は構造や作事《さくじ》などの面では変化したが、機能面では北条時代からの連続性を保持していたのではないか。

〈御用米曲輪〉の北東に位置する近世三の丸の城門〈幸田口門《こうだぐちもん》〉〔北条時代には「四

ッ門」と呼ばれたという）の外縁に残る〈上幸田《うわこうだ》〉〈下幸田《したこうだ》〉〈藪幸田《やぶこうだ》〉の呼称が、北条家臣幸田氏の屋敷が近辺に所在したことに由来するという所伝も重要である。この幸田は、氏康指揮下で「大蔵」の出納などに当たっていた与三《よぞう》と見られ、事務遂行の必要上「大蔵」近くに屋敷を構えていたのであろう。当時いまだ三の丸外郭は存在せず、幸田屋敷は〈幸田口門〉跡のやや西方、二の丸外郭の入口付近に位置していたと見られている。

「大蔵」が〈御用米曲輪〉にあったとすると、隠居後の氏康も、ここに居を構えていたことになる。その場合、当主氏政の居館は、別区画にあったと見なくてはならない。永禄一二年一〇月、武田信玄は〈蓮池〉から攻め込み「氏政館」（「古裂会目録」所収文書）を焼き払ったと報じているから、それは〈蓮池〉付近、氏康館が「本城」にあったとすれば、その南西につづく現二の丸の一画に所在したことが想定されよう。あるいは当主時代の氏康館を継承したものでもあったろうか。となると、現本丸高台の機能も問題となる。当主時代の氏康の館が「私宅」であったことからすると、政庁など公的な施設の存在を想定することもできよう。軍事的には詰めの城、物見台などとしての機能が考えられる。信玄来襲のさいなどは、氏政も氏康も、ここで防戦の指揮に当たったにちがいない。

三の丸外郭の造成

永禄一二年（一五六九）一一月、氏政は「年内に分国中の境目の防備を堅固にする。そのため寺社領も含め伊豆・相模・武蔵の三か国から人

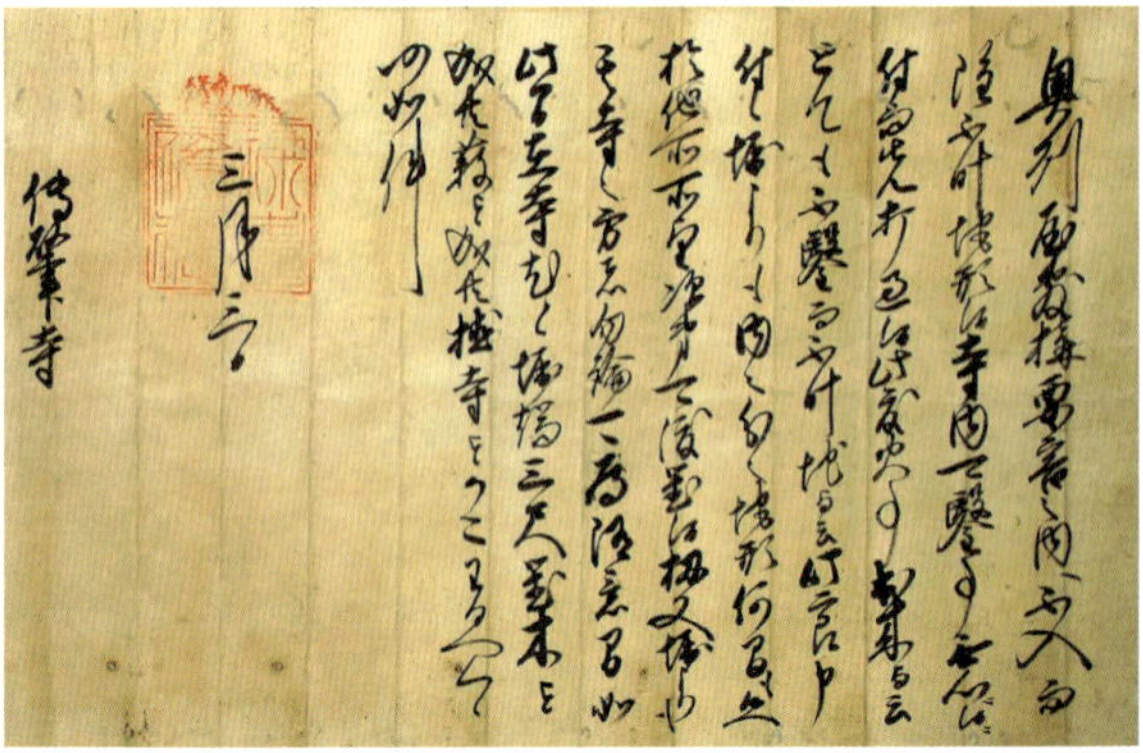

三の丸外郭造成のため伝肇寺に敷地の提供等を求めた虎印判状。年代は天正12年とされる。 伝肇寺蔵

足を出させる」〔江成文書他〕と発令した。そのさい小田原城でも、直前の武田信玄の攻撃で破損した部分の整備のほか、二の丸区画の東側・北側・南側の低地の外縁に三の丸外郭を築造する普請が行なわれたと見られている。

当主や隠居の館があった二の丸の外縁には、前記の幸田与三をはじめ家臣らの屋敷が展開していたと見られる。永正一六年（一五一九）四月二六日付で宗瑞が末子菊寿丸（幻庵宗哲）に与えた譲状《ゆずりじょう》に「二〇貫文　同（小田原）各々より出す屋敷銭《やしきせん》」〔箱根神社文書〕とあるのは、彼らの屋敷への課税収入であろう。次いで氏綱時代の天文三年（一五三四）から同五年頃にかけては、伊勢貞辰・大道寺盛昌・桑原盛正《くわはらもりまさ》＊・南条綱良《なんじょうつなよし》＊・遠山綱景《とおやまつなかげ》＊・石巻家貞《いしまきいえさだ》＊・大草丹《おおくさたん》後守《ごのかみ》＊・山中大炊介《やまなかおおいのすけ》＊らが小田原に屋敷を構えていたことが確認される。三の丸外郭は、これら家臣屋敷の一部を取り囲むかたちで築造されたのであろう。

天正一二年（一五八四）三月以降は〈八幡山古郭群〉の周辺でも三の丸外郭の造

＊**桑原盛正**　?。北条氏家臣。政次の子。

＊**南条綱良**　?。北条氏家臣。小田原衆。

＊**遠山綱景**　?～一五六四。北条氏家臣。江戸衆筆頭。武蔵江戸城代。直景の子。永禄七年正月、第二次国府台合戦で討死。

＊**石巻家貞**　?。北条氏家臣。御馬廻衆。相模西郡郡代。評定衆。のち家種と改名。

＊**大草丹後守**　?。北条氏家臣。幻庵宗哲に近侍。

＊**山中大炊介**　?。北条氏家臣。為昌の配下。

コラム

障子堀の遺構

北条氏の城跡に見られる特徴的な遺構に障子堀《しょうじぼり》がある。堀を造成するさい、完全に堀削《くっさく》せず格子型や仕切り状の構造を残存させたもので、堀に取りつく寄手《よせて》の行動を制約する狙いなどがあったという。

小田原城の場合、平地部では二の丸〈住吉《すみよし》堀〉、三の丸の北東端に近い〈山本内蔵《やまもとくら》邸跡〉、山地部では〈八幡山古郭群〉北部の〈八幡山枝堀〉、三の丸外郭南面の〈新堀〉、同西面の〈小峯御鐘ノ台大堀切東堀〉、〈総構〉北面の龍洞院《りゅうとういん》裏、〈新堀〉の北側につづく〈上二重外張《かみふたえとばり》〉などで確認されている。年代的に天正年間をさかのぼる遺構はなく、武田信玄来襲後の城郭整備、豊臣秀吉の来攻に備えた防衛強化のさいに採用されたものらしい。このうち〈八幡山古郭群〉は大森時代の主体部とされるが、当該区画の障子堀も同時期の改修によって造成されたことになる。

発掘中の小田原城二の丸住吉堀の障子堀
小田原市教育委員会保管

伊豆山中城（静岡県三島市）では、その壮大な遺構の全貌が復元されており、同下田城（同下田市）・長浜城（同沼津市）、相模河村城（神奈川県山北町）、武蔵騎西城（埼玉県加須市）・忍城（同行田市）・岩付城（同さいたま市）、上野金山城（群馬県太田市）、下総小金城（千葉県松戸市）・本佐倉城（同酒々井町）などでも遺構が確認されている。

成が進められたようだ。同一〇年一〇月に徳川家康との同盟が成立し、この頃には北条・徳川が連合して豊臣秀吉に対抗する形勢となっていたことから、西方の防衛強化の必要性が認識されたのであろう。

それは〈小峯《こみね》御鐘《おかね》ノ台〉の高地から東にのびる八幡山と天神山の尾根筋を〈小峯御鐘ノ台大堀切東堀《おおほりきりひがしぼり》〉で断ち切るとともに、天神山尾根の南面に沿って〈新堀〉を造成し、八幡山・天神山間の谷筋などを城域とすることなどを主眼としていた。これにともない氏直は、天神山尾根の一画にあったと見られる氏照屋敷を郭内に取り込むため、隣接する伝肇寺《でんじょうじ》・常勝寺《じょうしょうじ》に寺地の提供を求めている。

総構の付設

小田原城の〈総構《そうがまえ》〉（大外郭とも呼ばれる）は、要害と宿をもろともに取り囲む巨大な防塁である。豊臣秀吉の来攻を前に長期の籠城を想定し、天正一五年（一五八七）から築造が開始されたといい、全長は九キロにおよぶ。韮山や岩付などの「大構《おおがまえ》」〔堀江文書他〕も同様な構造物であったろう。

山地部では自然の尾根筋、低地部では河川・湿地帯および海浜などを活かして空《から》堀《ぼり》や土塁などが造成された。ことに西方の構えは厳重を極め、〈小峯御鐘ノ台〉の高地を城内に取り込んで、その東方に長大な〈中堀〉〈西堀〉が設けられる。それは箱根山中の鷹巣《たかのす》山・屏風《びょうぶ》山・双子《ふたご》山（神奈川県箱根町）などの砦、さらに伊豆山中城（静岡県三島市）の整備とも一体的な意味を有していた。

〈総構〉築造の目的は、単なる要害・城砦としての機能強化ではない。それ自体が堅固な防塁であることはまちがいないが、長期の籠城戦を見据え、膨大な兵員の滞留と、これを支える兵粮などを蓄積するための空間確保も大きな目的であったと考えられる。

同時にそれは、宿の保全という要請にも対応するものであった。当時の小田原は東日本最大級の都市であり、〈宮前町〉などを主体とする宿には、商人問屋の加藤、薬種商の外郎らの商人、鋳物師・畳師らの諸職人が居住していた。米穀や塩、鉄砲などの兵器を扱う商人、馬具、刀剣・甲冑《かっちゅう》などの武具を製作する職人もいたであろう。長期的な持久戦の展開を前に、これら商人・職人も生業ごと保護する必要があったのである。

シェルターとしての総構

小田原合戦のさい、小田原城内には多くの「地下人（一般庶民）」（「家忠日記」）が籠城していた。〈総構〉が彼らを保護するためのシェルターでもあったとされるゆえんである。むろんそれは、戦闘への協力と表裏一体であった。

この「地下人」については、百姓を主体とするとの見方が主流のようだ。ただ氏直がこの戦闘に動員したのは「町人・諸商人・細工人以下」（「相州文書」）であり、こと百姓に関しては「作付《さくつけ》の時期が近いから種と夫食《ふじき》（食料）だけは村に残し耕作に励むべきである」（「宇津木文書他」）との方針を示していた。

実際、先にふれた天正一五年七月の人改令により動員された百姓もいたが、それは一村につき数名のこと、百姓の多くは村に残留していたことであろう。相模津久井城（神奈川県相模原市）に籠城した同今泉（同秦野市）の名主小林らが、六月、麦作収納のため危険を冒し在所に赴いているように、百姓もまた田畑の実りを気にかけていたのである。

小田原周辺でも、飯田岡・酒匂・栢山《かやま》・曾我・大井・大友・千代・高田・田島《たじま》（以上神奈川県小田原市）、大平台《おおひらだい》・底倉《そこくら》（以上同箱根町）などの百姓は、確かに村に残留していたと考えられる。これらの村が秀吉から軍勢の乱暴などを禁じる禁制を得ており、その禁制は、受取側からの申請がなければ下されないからだ。文禄元年（一五九二）の二月、底倉の百姓安藤隼人が、四月一日、年老いた叔父の築後とともに山中城に赴いて秀吉の禁制を得たこと、翌日豊臣軍から「関白様の御馬の飼料」を要求され、やっとの思いでこれを用立てたことなどを切々とつづった置文は、当時の百姓らの苦難のほどを伝えて余りある〔「相川文書」〕。

他方、中島・町田・井細田《いさいだ》・荻窪《おぎくぼ》・久野《くの》・大窪《おおくぼ》・早川（同小田原市）など、〈総構〉から至近距離にある郷村に宛てた秀吉禁制は、今のところ一点も確認されていない。失なわれた可能性もあるが、その偏在ぶりを見れば、むしろそれを求めず、村ぐるみで小田原に籠城した結果と見るのが自然であろう。この距離ならば作毛の様子も確認できる、そう考えてのことにちがいない。

それは可能な限りの兵力の補充を進める氏直の利害とも一致していた。〈総構〉

内の〈百姓曲輪〉は、彼ら百姓の配置区画であったともされる。小田原城の場合、周辺百姓の籠城は、例外的ながらも組織的に行なわれたようだ。

二　領域支配の拠点となった支城群

氏綱・氏康時代の領国　明応二年（一四九三）以降、伊豆・相模を領国化した宗瑞は、本拠地の伊豆韮山城のほか、相模の小田原城・玉縄城（神奈川県鎌倉市）・三崎城（同三浦市）などを取り立て、小田原には嫡男の氏綱、玉縄・三崎にはそれぞれ重臣の大道寺盛昌・横井《よこい》越前守《えちぜんのかみ》＊を配していたと見られている。これらの城郭は、軍事拠点であるとともに、周辺地域の支配拠点でもあったと見られるが、詳細は定かでない。

次いで氏綱は、武蔵中南部に勢力を拡大させる過程で、領国を伊豆、相模の西郡・中郡・三浦郡と津久井領（奥三保）、玉縄領（相模東郡、武蔵久良岐郡）、小机領（武蔵都筑《つづき》・橘樹《たちばな》郡）、江戸地域（同荏原《えばら》・豊島《としま》郡、多東《たとう》・新座《にいざ》郡の一部、下総葛西《かさい》など）、河越地域（武蔵入東《にっとう》・入西《にっさい》郡、新座郡の一部など）の領域に編成する。

これらは当主の直接支配下に置かれた北条領国の核心部で、相模西郡・中郡は本

＊ 横井越前守　？。氏綱の妻養珠院殿の親族か。鎌倉北条氏の末流と伝える。

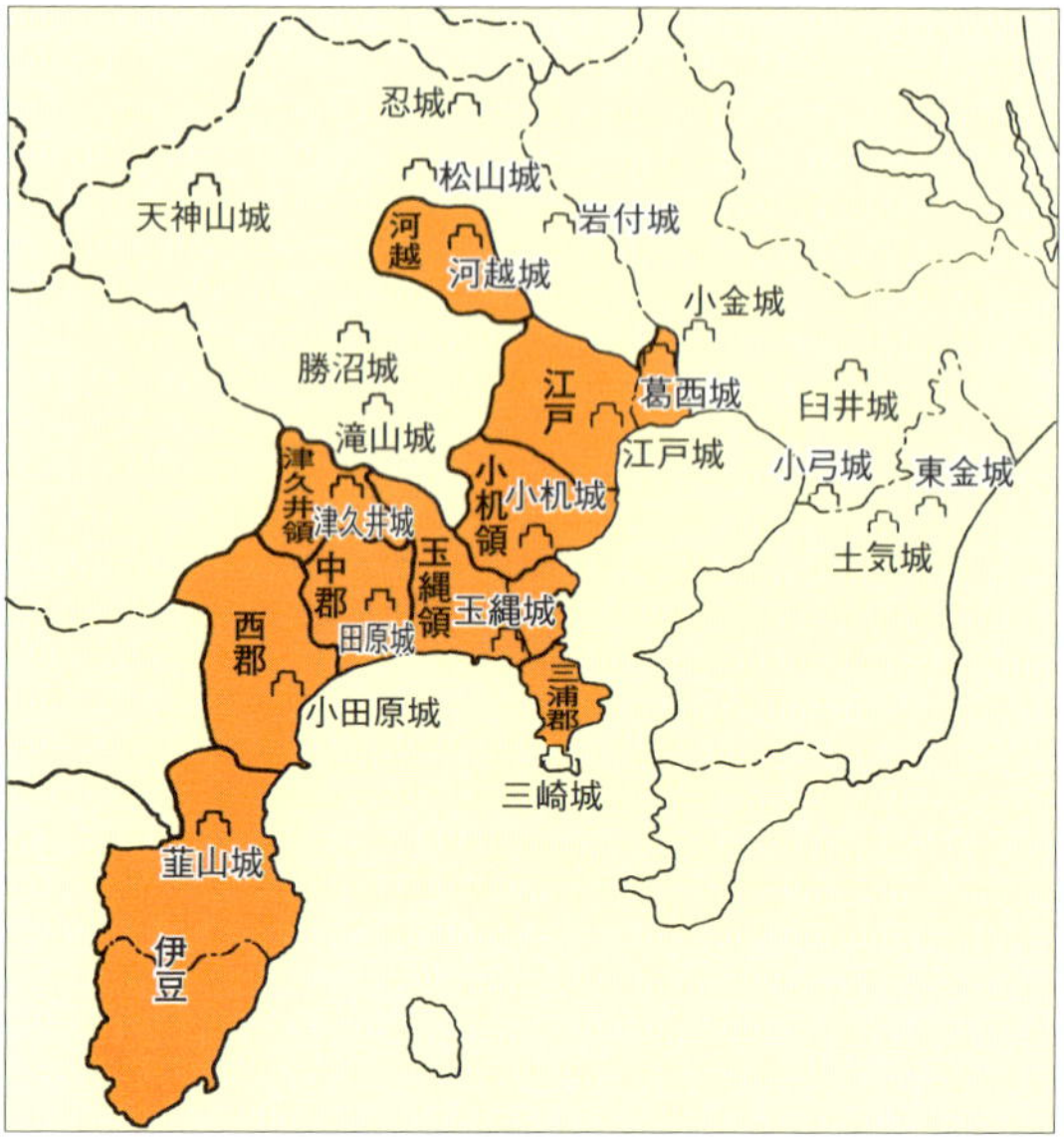

北条領国の核心部

城小田原城、伊豆および三浦郡・津久井領・玉縄領・小机領と江戸地域・河越地域は、それぞれ伊豆韮山城、相模三崎城・津久井城・玉縄城、武蔵小机城（神奈川県横浜市）・江戸城・河越城（埼玉県川越市）などの支城の管轄とされた。

各城には小田原衆以下の衆＝地域軍団等が配置されており、「小田原衆所領役帳*」には、その永禄二年（一五五九）二月時点における構成が示されている。

衆の編成は検地を基礎として税制の整備などと一体的に進められ、各構成員には検地によって算定された知行貫高に応じ軍役・普請役・出銭が課された。兵員数など軍役の詳細は着到定書で規定されている。

各衆は領域や支域の防衛などのほか微税などの行政事務にも当たり、郡代・城

＊小田原衆所領役帳　永禄二年に成立。北条一族・家臣らの所領の所在と貫高などを記す。普請役など所領役賦課の基礎台帳。

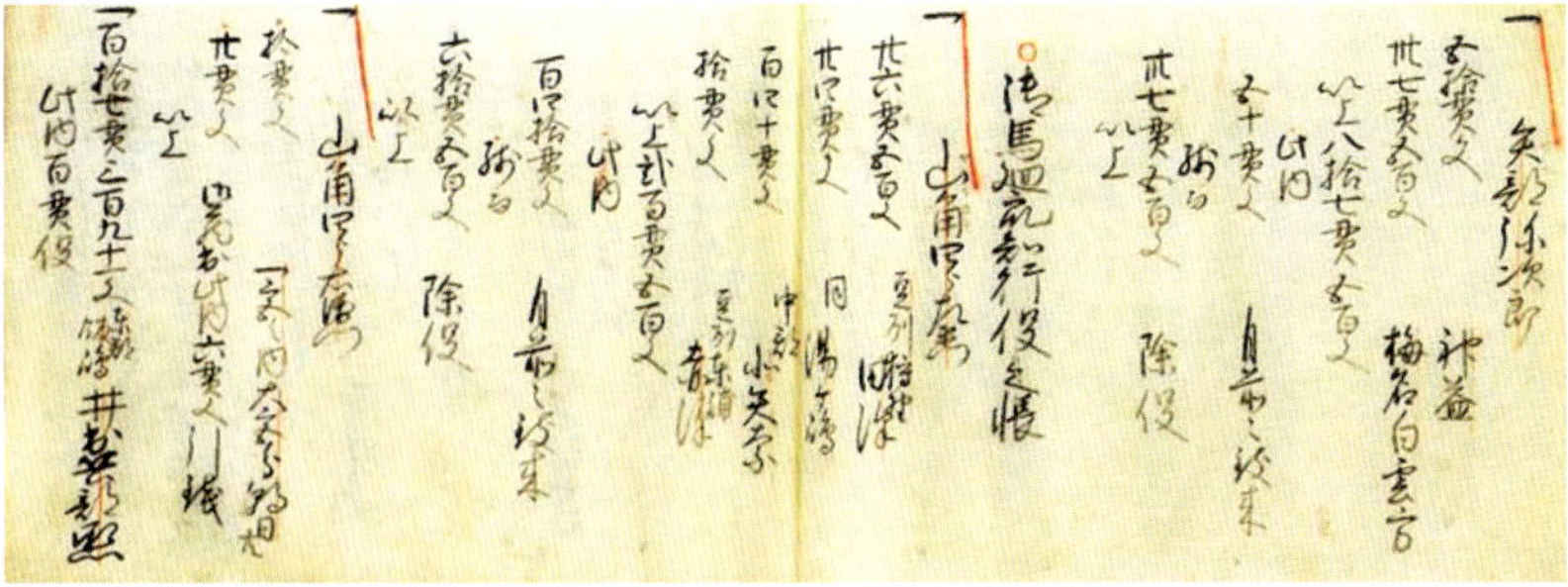

小田原衆所領役帳（部分）　今井利貞氏蔵、平塚市博物館寄託

代・支城主などがこれを統括した。郡代と城代は夫役系の公事の徴収を主務とした。城代は支城に付属する軍団＝衆の指揮権を有していた点で郡代と区別される。支城主はさらに領域内における一定の行政権を当主から委譲されていた。

郡代が置かれたのは、相模西郡の小田原城、中郡の田原城（神奈川県秦野市）と伊豆の韮山城。このうち相模二郡は当主膝下《しっか》の領域の支配拠点であり、小田原城の小田原衆や当主直属の御馬廻衆、田原城の諸足軽衆も当主の直接指揮下に置かれていた。伊豆の郡代は笠原・清水の両氏、西郡郡代は石巻氏、中郡郡代は大藤氏が世襲している。

城代は江戸城・河越城に置かれた。江戸城代は大永四年（一五二四）以降遠山氏が務めたが、天正二年（一五七四）からは氏秀《うじひで》、次いでその子の乙松《おとまつ》へと相承され、同一二年に乙松が死去した後は氏政が管掌《かんしょう》した。氏秀の就任後も遠山氏は、東方の葛西地域においてその権限を分掌している。河越

北条領国の主な国衆（小田原合戦段階）

	国衆名	本拠地	現在地
上野	北条氏	大胡城	群馬県前橋市
	那波顕宗	今村城	伊勢崎市
	由良国繁	桐生城	桐生市
	和田信業	赤坂城	高崎市
	倉賀野家吉	倉賀野城	高崎市
	安中左近大夫	安中城	安中市
	小幡信定	国峰城	甘楽町
	富岡六郎四郎	小泉城	大泉町
下野	長尾顕長	足利城	栃木県足利市
	皆川広照	皆川城	栃木市
	壬生義雄	壬生城	壬生町
常陸	岡見宗治	牛久城	茨城県牛久市
	土岐治綱	江戸崎城	稲敷市
武蔵	上杉氏憲	深谷城	埼玉県深谷市
	成田氏長	忍城	行田市
	佐々木氏	菖蒲城	久喜市
	上田憲定	松山城	吉見町
下総	簗田助利	水海城	茨城県古河市
	相馬小次郎	守谷城	守谷市
	豊島継信	布川城	利根町
	大須賀常安	松子城	千葉県成田市
	国分胤政	矢作城	香取市
	高城胤則	小金城	松戸市
	原邦房	臼井城	佐倉市
上総	井田胤徳	大台城	芝山町
	酒井康治	土気城	千葉市
	酒井政辰	東金城	東金市
	武田豊信	長南城	長南町
	土岐義成	万木城	いすみ市

城代には天文六年に為昌が就任し、彼が同一一年（一五四二）に死去してからは大道寺氏が世襲した。

玉縄城・三崎城・小机城・津久井城には支城主が置かれた。玉縄城主は氏時《うじとき》＊から為昌、為昌死去後は綱成、次いで氏繁《うじしげ》＊・氏舜《うじきよ》＊・氏勝《うじかつ》＊、小机城主は為昌から幻庵宗哲、その子三郎、次いで氏康の弟氏堯《うじたか》＊、さらに幻庵宗哲の次子氏信、同娘婿の氏光《うじみつ》＊へと継承された。三浦郡も当初は玉縄城主為昌が管轄、次いで綱成が郡代の権能を継承し、三浦衆の統制権は氏康が掌握したが、永禄一〇年（一五六七）二月には、氏規がこれらを統合する三崎城主として登場する。津久井城主は扇谷上杉氏の旧臣であ

＊**北条氏時**　?〜一五三一。北条一族。宗瑞の子。玉縄城主となる以前、伊豆韮山在城を窺わせる徴証もある。

＊**北条氏繁**　?〜一五七八。北条一族。相模玉縄城主、下総飯沼城代、鎌倉代官。綱成の子。初名康成。妻は氏康の娘新光院殿。

＊**北条氏舜**　?。北条一族。氏繁の子。

＊**北条氏勝**　?〜一六一一。北条一族。氏繁の子、氏舜の弟。

＊**北条氏堯**　一五二二〜六三?。北条一族。母は養珠院殿か。

＊**北条氏光**　?〜一五九〇。北条一族。氏康の子。氏堯の子で養子ともいう。

コラム

伝馬の整備

領域支配の展開にともなう分権化は、本城小田原と支城との間などの緊密な連絡の必要性を増大させた。また戦時には戦地への迅速な物資の搬送なども不可欠であった。そこで氏綱は、大永四年（一五二四）以降、交通の要衝にある宿に伝馬役を課し、そこに配置される通信・輸送用の伝馬を一定の範囲内で自らの所用などに優先的に用いる制度を整備した。

伝馬の使用者には、当主が宿に対しその供出を命じる伝馬手形が下された。当初は虎印判が押されたようだが、実例は確認されておらず、氏康時代の永禄元年（一五五八）以降は「常調」の印文を刻む方印の上部に馬の形象をあしらった専用印が捺されている。おりしも氏照による由井領支配が本格的に展開される時期に当たっており、同領はじめ支城領主の支配領域への虎印判状の発給が軍勢の乱暴をとどめる禁制などに限定されている事実を見ると、この印判は、自立性の高い支城領主支配の成立にともない、小田原と支城領などをつなぐ特化された機能を担うべく創案されたことが想定されよう。武田領など、同盟する周辺大名の領内に通用したことも、その特殊な性格を窺わせている。

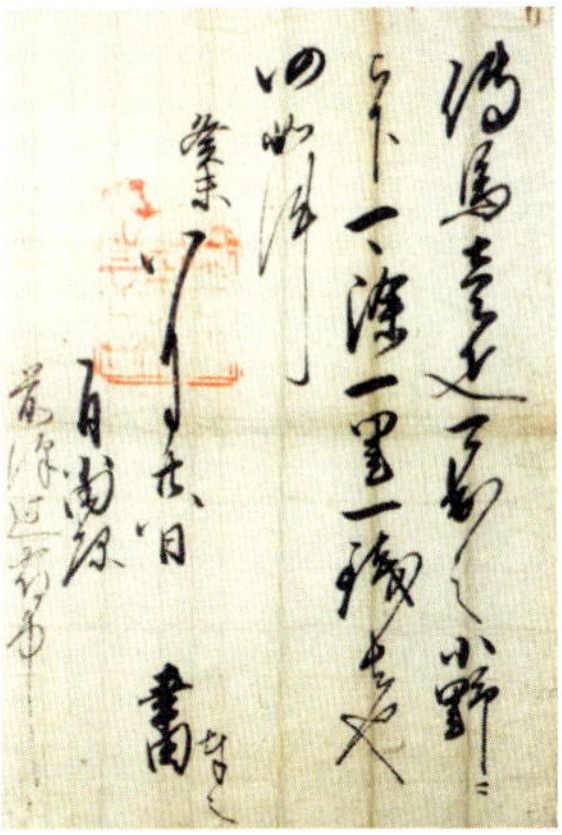

伝馬手形〔天正11年８月〕
逓信総合博物館蔵

る内藤氏が世襲した。

国衆領の接収　江戸地域・河越地域などの外縁、武蔵西・北部、下総、上総北部、上野、下野南西部、常陸南部には、北条氏に従属する国衆の支配領域が展開していた。「小田原衆所領役帳」に「他国衆」として記載される武蔵勝沼城（東京都青梅市）の三田綱定、岩付城（埼玉県さいたま市）の太田資正、松山城（同吉見町）の上《うえ》田《だ》朝直《ともなお》*、由井城（東京都八王子市）の大石綱周《おおいしつなちか》*、忍城（同行田市）の成田長泰、下総小金城（千葉県松戸市）の高城胤吉、臼井城（同佐倉市）の原胤貞、上総土気城（同千葉市）の酒井胤治、東金城（同東金市）の酒井胤敏らの支配領域である。

これら国衆の拠点もまた支城と呼ばれるが、その支配領域に北条氏当主の権力がおよぶことはなかった。

ただ永禄期には、大石綱周の武蔵由井領（のち滝山・八王子領）が綱周に入嗣した氏照、藤田泰邦の同花園領（のち鉢形領）が泰邦の娘婿氏邦に継承される。上杉謙信に与した三田綱定の同勝沼領も氏照に接収された。さらに天正期には、小山秀綱の下野小山領が氏照、太田資正の武蔵岩付領が太田源五郎次いで氏房《うじふさ》*、佐野宗綱の下野佐野領が氏忠、千葉邦胤《ちばくにたね》*の下総佐倉領が隠居氏政次いで直重の支配領域として編成される。

国衆領を基盤とするこれらの領域にも、当主の関与はほとんど見られず、氏照らによる自立性の高い支配が展開された。その地位は支城領主と規定されている。た

---

* **上田朝直**　一五一六〜八二。武蔵の国衆。松山城主。北条氏他国衆。
* **大石綱周**　?。武蔵の国衆。由井城主。北条氏他国衆。道俊の子。娘は氏康の子氏照の妻。
* **北条氏房**　一五六五〜九二。北条一族。氏政の子。天正一一年に岩付太田氏の支配領域を継承。
* **千葉邦胤**　一五五七〜八五。千葉氏当主。昌胤の子。妻は氏政の娘芳桂院殿。
* **野田景範**　?〜一六二四。下総の国衆。古河公方足利氏家臣。栗橋城主。
* **「新」印判**　五八×五二ミリの二重郭長方印。現在知られる使用例は享禄五年の一点のみ。
* **「静意」印判**　径六五ミリの二重郭丸印。初見は天文一二年。氏康の隠居にともなう自身の退隠により使用が停止されたが、永禄一二年、嗣子氏信の死去を機に

だそれは、一面で領国分裂の一因ともなりかねない危うさをはらんでいよう。実際のところ、隠居氏政の場合、下総関宿領（簗田晴助旧領）では城代、氏照・氏邦も同栗橋領（野田景範《のだかげのり》*旧領）、上野箕輪領（長野氏旧領）ではそれぞれ支城主、氏規も上野館林領（長尾顕長旧領）では城代の地位にとどまっており、有力な一族であっても、本拠地以外で支城領主支配を行うことは規制されていたようだ。

支城領主などとして領域支配を担った一族らの多くは、職務遂行のため、当主の虎印判に倣い独自の印判を用いた。為昌の「新」*、幻庵宗哲の「静意」*、氏政（隠居後）の「有効」、氏照の「如意成就《にょいじょうじゅ》」*と印文未詳印判*、氏邦の「翕邦挹福」*、氏規の「真実」*、氏房の「心簡剛《しんかんごう》」*、氏忠の「楼鬱《ろううつ》」*、氏光の「桐圭《とうけい》」*、氏繁の「顛趾《てんし》利出否《りすいひ》」*などがその主たるものである。

国境の城とその防備

国境地帯などを中心に軍事的な防衛、交通路の掌握などを主体とする砦的な支城も存在した。小田原周辺では、伊豆山中、相模河村・新城（神奈川県山北町）・浜居場《はまいば》（同南足柄市）、足柄（静岡県小山町等）など、上野方面では中山（群馬県高山村）、阿曾《あそ》・長井坂《ながいさか》（同渋川市）、権現堂《ごんげんどう》（同沼田市）などの諸城が、これに類する事例として挙げられる。

これらの城郭では、支城主・城代などを務める一門・重臣や周辺の国衆らが交替制の当番として防備を割り当てられていた。

前記のうち足柄城では、元亀二年（一五七一）七月に氏光・綱成、天正一〇年（一

政務に復帰したさいに新調。

*「如意成就」印判　五三×五一ミリの二重郭長方印。郭内の印文上部に海獣の形象を刻む。初見は永禄二年。

*印文未詳印判　四三×四三ミリの三重郭方印。「如意成就」印判の使用停止後、永禄一二年以降の使用が確認される。印文に「栗橋」の二文字を含むというが未詳。

*「翕邦挹福」印判　二重郭方印の上部に向き合う動物形象（象とされる）を刻んだ八七×六七ミリ（永禄七～一一年使用）のもの、同様に向き合う象と獅子の形象を刻む六八×五六ミリ（永禄一二～天正八年閏三月使用）のもの、動物形象を欠く五五×五七ミリ（天正八年一二月以降使用）のものの三種がある。

*「真実」印判　四六ミリ四方の二重郭方印。初見は永禄一〇年。

五八二）五月頃に氏光・氏勝、新城では同一六年から一八年頃に氏忠、浜居場城では同九年六月に松田憲秀《まつだのりひで》*、上野の権現堂については同一六年五月に氏邦、阿曾では同一六年から一七年に上野国衆の阿久沢《あくざわ》氏や赤堀《あかぼり》氏が、それぞれ当番を命じられた記録がある。

一朝ことあらば敵の攻撃を真っ先に受け、生活物資の補給なども困難な山間に位置するこれら城郭の防衛は、守備兵にとって大きな負担であったにちがいない。しかも在番衆には「諸城において大途の御法度にあるとおり、当番の日数分の番普請を務めるべきである。それが国法である」〔林文書〕と、連日の要害普請が義務付けられていた。

こうした前提に立つと、当番制は合理的な方策として評価されよう。それはまた、本城小田原や伊豆韮山、武蔵江戸・岩付、下総古河（茨城県古河市）などの拠点城郭の防衛強化策としても採用されている。

---

*「心箇剛」印判　径八二ミリの二重郭丸印。初見は天正一一年。

*「楼鬱」印判　六四ミリ四方の二重郭方印。初見は天正一一年。

*「桐圭」印判　五〇ミリ四方の二重郭方印。初見は元亀二年。印文は「史記」に採るともいう。

*「顛趾利出否」印判　六〇×四六ミリの二重郭方印。現在知られる使用例は天正六年の一点のみ。印文の出典は「周易」。

*松田憲秀　?〜一五九〇。北条氏家臣。小田原衆筆頭。盛秀の子。

Ⅲ

秀吉襲来

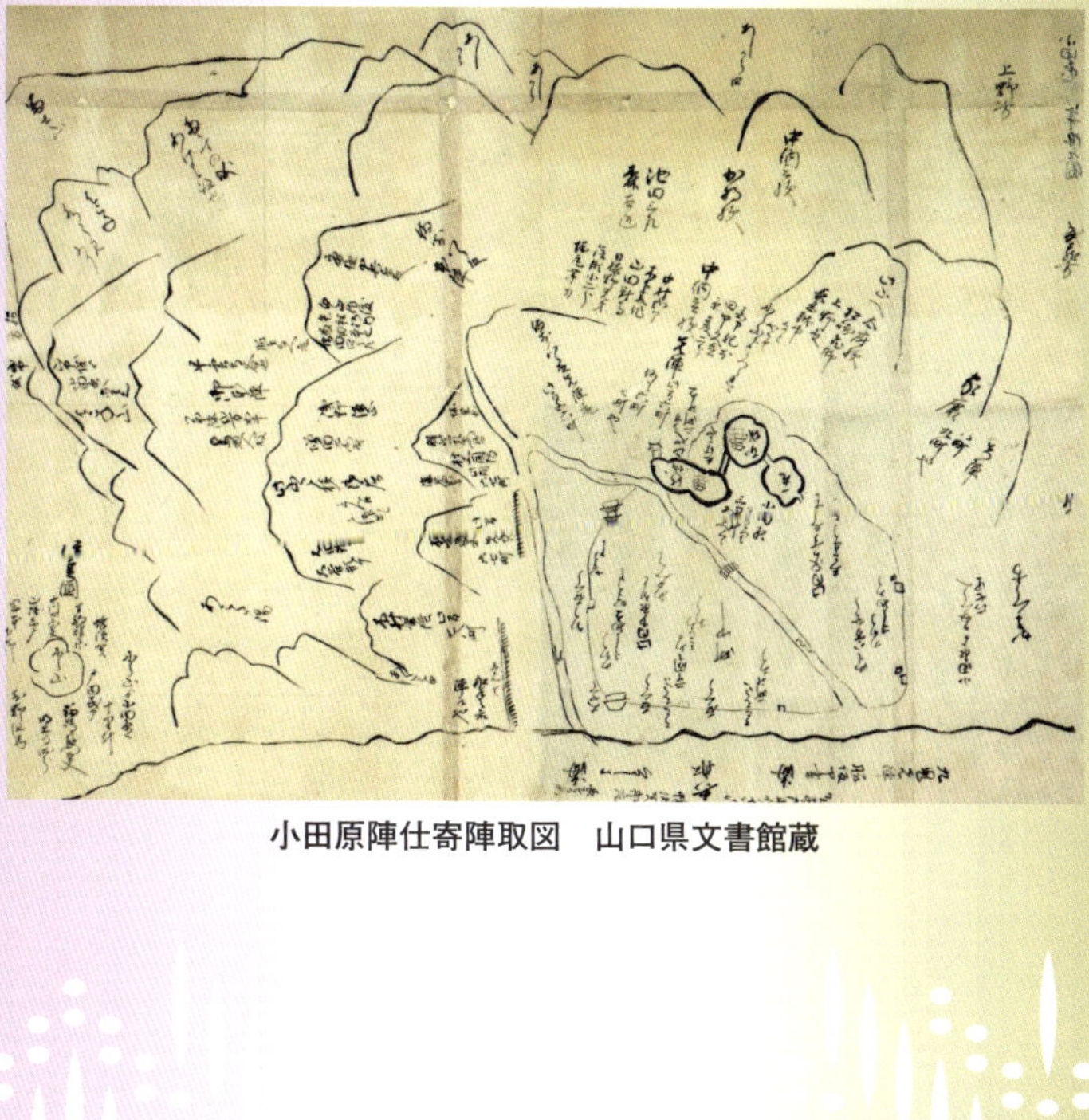

小田原陣仕寄陣取図　山口県文書館蔵

一　北条方の戦闘準備

氏直の戦略

豊臣秀吉が小田原合戦に動員した軍勢は、二二万とされる。対する北条方の兵力は、秀吉方の諜報によると三万五〇〇〇騎ほど。傭兵などを含む総数はこれを超えていたであろうが、それでも一〇万程度と見られている。

決戦に当たり氏直は、基本的に籠城策で対応し、機を見て反撃に転じるという戦略を立てる。ただすべての城郭を防衛する兵力はなく、特定の城にこれを集中させ防衛・反撃の拠点とする方針であった。

もっとも重視されたのは小田原城。〈総構〉の付設により確保された広大な城内の空間には、一族・重臣をはじめ配下の軍勢の大半が集められ、膨大な兵粮も集積された。

次いで重視されたのは、武蔵鉢形（埼玉県寄居町）・伊豆韮山（静岡県伊豆の国市）の二城。鉢形の氏邦は、すでに天正一四年（一五八六）一一月の段階で、氏直から「西表で相違の筋目があり出陣することになっても、まず上州の備えのため鉢形に在留するように」（「武州文書」）と命じられている。

相模三崎城（神奈川県三浦市）の城主氏規の韮山入りは西方防備のためだが、彼はまた秀吉や家康らとの交渉窓口としての役割も担っていた。少年時代に駿府で徳川家康と人質生活をともにした経歴をもち、日頃から氏直・氏政と家康との連絡を取り次いでいたことに加え、秀吉にも接見していた氏規は、その任にふさわしく、韮山は、これを遂行する上での適地といえた。

それぞれ氏光、氏勝・松田康長《まつだやすなが》*、大道寺政繁《だいどうじまさしげ》*、猪俣邦憲、清水康英《しみずやすひで》*らの一族・重臣が配された相模足柄城（静岡県小山町）、伊豆山中城（同三島市）、上野松井田城（群馬県安中市）、同沼田城（同沼田市）、伊豆下田城なども、重視されていたと見てよい。ひとえに国境防備の観点からであろう。

鉢形城址

自然地形の利用

開戦が目前に迫った三月九日、氏政は上野沼田在城の猪俣邦憲に、「韮山のことはいうまでもなく、山中・足柄では充分な普請を施し軍勢も配置した。そのほか（箱根）の山々も思いのほか地形が険難なので、普請を行ない山ごと要害に取り込んだ」「利根川も満水であり、沼田が堅固であれば豊臣軍はその東岸には進軍できない」（猪俣文書）などと伝えている。「山ごと要害に」というのは、箱根山中の双子山・屏風山などの要害普請を踏ま

＊松田康長　?〜一五九〇。北条氏家臣。御馬廻衆。筑前守（康定か）の子。

＊大道寺政繁　?〜一五九〇。北条氏家臣。上野松井田・武蔵河越城代、鎌倉代官。資親の子。

＊清水康英　?〜一五九一。北条氏家臣。伊豆衆筆頭。伊豆郡代。評定衆。綱吉の子。

えたものと見られ、箱根の天嶮《てんけん》と水量豊かな利根川が自然の要害として期待されていたことを窺わせていよう。三月一八日には、氏直が自ら屏風山を巡見している。

二〇年ほど前の永禄一二年（一五六九）七月、伊豆に侵攻し韮山近くの北条（静岡県伊豆の国市）で氏規の軍勢を撃破した武田信玄は、余勢を駆って箱根山を越え小田原へ進もうとしたが、険難な地形に阻まれ断念していた。また天正二年二月には、上杉謙信が増水した利根川を越えられず撤退した事実もある。その記憶は氏政の脳裏にも刻まれていたにちがいない。北条方の秀吉への対応は、量的にはかつてない大規模なものであったが、質的には従来の経験値を越えるものではなかった。

兵力の補充　拠点城郭への兵力の重点配置が断行されるなか、残余の諸城の防衛力は必然的に低下していた。たとえば上総大台城《おおだい》（千葉県芝山町）などに拠る井田《いだ》胤徳《たねのり》*の場合、手勢二二五名のうち二〇〇名が小田原入りを命じられ、大台城に残されたのはわずか二〇名であったし、相模田原城（神奈川県秦野市）の大藤与七《だいとうよしち》*の手勢二四〇名も、二〇〇名が韮山、二〇名が小田原に配置され、田原に置かれたのは二〇名に過ぎなかった。一門の居城である武蔵岩付城（埼玉県さいたま市）や八王子城（東京都八王子市）などでさえ、城主の氏房・氏照が大半の手勢を率いて小田原城に入ったため、兵力は極めて手薄であったと伝えられる。

ただ氏直が足柄在城の氏光に、通常の着到に加え一〇〇名の足軽の調達などを求めているように、実際のところ、拠点として重視された城郭においても充分な兵力

＊ **井田胤徳**　?～一六〇八。上総の国衆。大台・坂田城主。

＊ **大藤与七**　?。北条氏家臣。諸足軽衆筆頭。相模中郡郡代、田原城主。二代政信の子。

コラム

「大筒」「中筒」などの生産と用法

秀吉との対決に向け、氏直は兵粮や兵力の確保とともに、武具などの軍需品の調達を進めた。「大筒」などの生産もその一つである。籠城戦における飛び道具の有効性を認識してのことであろう。これに応えたのは小田原城下〈新宿《しんしく》〉の鋳物師山田次郎左衛門らで、天正一四年（一五八六）に「中筒」、一五年に鉄砲、さらに一七年には「大筒」の生産を命じられている。

天正一四年七月、山田が氏直から「鋳物師之棟梁《とうりょう》」（「相州文書」）に任じられているのは、こうした武器生産の推進と深く関わるであろう。事実、同一七年の「大筒」生産は、棟梁山田の指揮のもと、〈新宿〉のほか相模千津島《せんづしま》（神奈川県南足柄市）、飯山《いいやま》・荻野（同厚木市）、植木《うえき》新宿（同鎌倉市）、川那《かわな》（同藤沢市）、鴨居《かもい》（同横須賀市）など、領内各地の鋳物師を動員して行なわれていた。

生産された実物などは確認されていないが、「北条五代記」に見える「大鉄砲」は、山田らが製造した「大筒」「中筒」であった可能性が高いであろう。小田原合戦のさい氏直は「昼間は（総構に）大鉄砲を懸け置いて矢を射かけるように討ち放ち、これに従事する者以外は思い思いに休息などを取るように」と指示していたという。轟音を響かせたであろう「大筒」は、戦闘員の省力化にも寄与していたようだ。

が確保されていたわけではない。また大台城など、それ以外の城郭においても、近隣から兵粮が集積されており、これを着実に守備するには、相応に兵力を増強する必要があった。

　こうした状況のなかで氏直は、三月、「町人・諸商人・諸細工人以下に至るまで、あるいは弓・鑓、あるいは鉄砲・小旗《こばた》以下の支度をし、命令次第に忠節を尽くせ」（「相州文書」）と発令する。「この時どこの場所でも、無二の一戦を遂げ（豊臣軍を）討ち果たすべきである」とあり、それは拠点城郭以外の兵力増強も意図したものであった。天正一五年（一五八七）七月に定められた百姓の動員制度も実行に移されてゆく。

　奈良多聞院《たもんいん》の英俊《えいしゅん》によると、小田原に籠城した人数は六万。町人らを含めた数と見てよいであろう。小田原に入った上田《うえだ》憲定《のりさだ》・成田氏長の本拠地、武蔵松山城（埼玉県吉見町）・忍城（同行田市）にも、二〇〇〇人を超える町人らが参集したという。

二　空前の大遠征

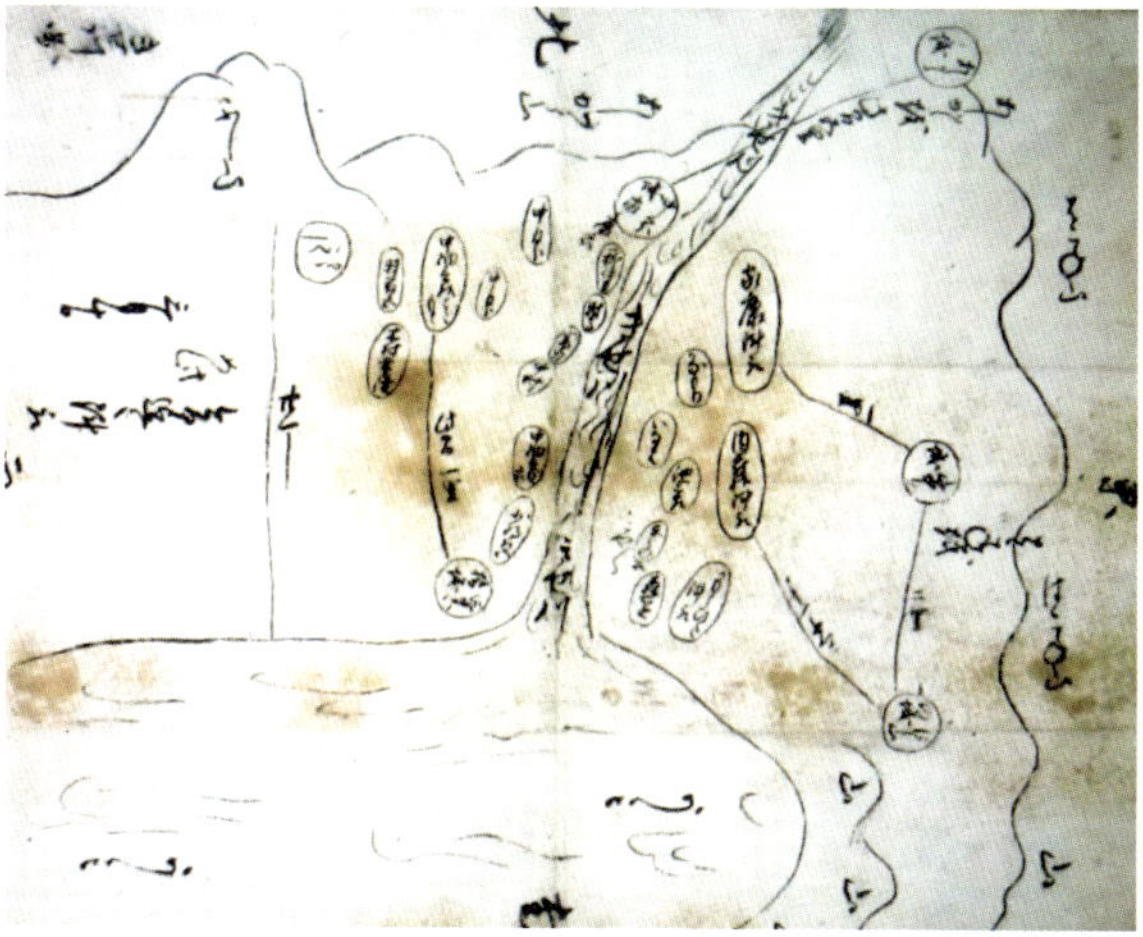
小田原陣之時黄瀬川陣取図　山口県文書館蔵

秀吉出陣　天正一八年（一五九〇）三月一日、秀吉は、勅命を受けるかたちで京都を発し小田原に向かう。正親町《おおぎまち》上皇と後水尾《ごみずのお》天皇が四足門《しそくもん》前に仮屋を構え、関白の出陣を見送った。見物の群衆は数知れず、三条大橋脇で秀吉の行軍を目のあたりにした奈良興福寺《こうふくじ》の寛尊《かんそん》は「その出立は花をかざったようだ」「稀代の見物で誠に古今にありがたいことである」と驚嘆し、「一時（二時間）ばかりは身動きが取れない状況だった」（『蓮成院記録《れんじょういんきろく》』）と市中の熱狂ぶりを伝えている。

二二万の兵員は、豊臣秀次《ひでつぐ》*以下、徳川家康・織田信雄・蒲生氏郷《がもううじさと》*・宇喜《うき》多《た》秀家《ひでいえ》*・細川忠興《ほそかわただおき》*・織田信包《おだのぶかね》*・池田《いけだ》輝《てる》政《まさ》*・堀秀政《ほりひでまさ》*・長谷川秀一《はせがわひでかず》*・木村常陸《きむらひたちの》介《すけ》*・丹羽長重《にわながしげ》*・中川秀政《なかがわひでまさ》*・森忠政《もりただまさ》*・稲《いな》葉《ば》貞通《さだみち》*・生駒親正《いこまちかまさ》*・蜂須賀家政《はちすかいえまさ》*・福島《ふくしま》正則《まさのり》*らの東海道本隊、前田利家《まえだとしいえ》*・上杉景勝・真田昌幸らの北陸隊、長宗我部元親・脇坂安治《わきざかやすはる》*・九鬼嘉隆《くきよしたか》*・加藤嘉《かとうよし》明《あき》*・安国寺恵瓊《あんこくじえけい》*らを主体とする水軍の三隊に編成されていた。さらに、これ

---

* **豊臣秀次**　一五六八～九五。関白・左大臣。実父は三好吉房。母は秀吉の姉智子。秀吉の甥。
* **蒲生氏郷**　一五五六～九五。参議。伊勢松坂城主。賦秀の子。
* **宇喜多秀家**　一五七二～一六五五。中納言。備前岡山城主。直家の子。
* **細川忠興**　一五六三～一六四六。参議。丹後宮津城主。藤孝の子。妻は明智光秀の娘玉（ガラシャ）。
* **織田信包**　一五四三？～一六一四。織田一族。伊勢安濃津城主。信長の弟。
* **池田輝政**　一五六四～一六一三。美濃岐阜城主。恒興の子。
* **堀秀政**　一五五三～九〇。越前北ノ庄城主。秀重の子。小田原合戦で陣没。
* **長谷川秀一**　？～一五九四。越前敦賀郡に一一万石を領す。
* **木村常陸介**　？～一五九

ら諸軍の留守居《るすい》として、東海道上の諸城などに毛利輝元・鍋島直茂《なべしまなおしげ》*ら中国・九州方面などの軍勢が配置されていたから、この戦闘には関東と奥羽を除く大半の諸氏が参加したことになる。

東海道本隊の家康は、二月一〇日に駿府（静岡県静岡市）を発して二四日、駿河長久保（同沼津市）に至り、同二〇日に京都を出た秀次も、三月三日、駿河黄瀬川《きせがわ》（同）に着陣する。「小田原《おだわら》陣《じん》之《の》時《とき》黄瀬川《きせがわ》陣取図《じんとりず》」は、三月一〇日時点におけるその布陣を描いたものだ。また二月中旬に加賀金沢（石川県金沢市）を発した北陸隊の前田利家は、信濃楢井《ならい》（長野県塩尻市）をへて同一五日以前、景勝らとともに上信国境の碓氷峠に到り、水軍の九鬼嘉隆らは二月二六日、駿河清水《しみず》（静岡県静岡市）に着岸した。

国境線の攻防

三月二七日、秀吉が駿河三枚橋城（静岡県沼津市）に入った。すでに同三日以降、東海道本隊と北条軍との間では小競り合いが始まっており、水軍は早くも一日以前、伊豆沿岸に放火して重須《おもす》城（同）を落とし、伊豆半島先端部の下田城に向かっていた。北陸隊も、同一五日には碓氷峠で北条方と交戦している。

三月二九日、秀次の率いる豊臣軍の主力が伊豆山中城への攻撃に着手する。それは以後の戦局を占う重要な一戦であったが、城は半日ほどで陥落、守将松田康長のほか多くの守備兵が討たれ、氏勝は本拠地玉縄城（神奈川県鎌倉市）に退去した。豊臣方では、一柳直末《ひとつやなぎなおすえ》*らが戦死している。

五。越前武生城主か。実名は重玆・定光また重高ともいう。

* **丹羽長重**　一五七一～一六三七。参議。加賀松任城主。長秀の子。妻は織田信長の娘。
* **中川秀政**　一五六八～九三。播磨三木城主。清秀の子。
* **森忠政**　一五七〇～一六三四。美濃金山城主。可成の子、長可の弟。初名忠重次いで一重。
* **稲葉貞通**　一五四六～一六〇三。美濃八幡城主。良通の子。
* **生駒親正**　一五二六～一六〇三。讃岐高松城主。親重の子。初名正成次いで近世など。
* **蜂須賀家政**　一五五八～一六三八。阿波徳島城主。正勝の子。
* **福島正則**　一五六一～一六二四。伊予国府城主。正信の子。

同じ頃、織田信雄・織田信包・蒲生氏郷・細川忠興・中川秀正・森忠政らが韮山城を包囲し、木村常陸介・池田輝政・堀秀政・長谷川秀一・丹羽長重らは日金山《ひがねやま》越えの熱海道に沿って小田原に向かう。徳川家康は元山中の間道《かんどう》をへて箱根山中に進み、その一隊は足柄峠越えのルートから小田原を目指した。

箱根山中の鷹巣山・双子山・屏風山・宮城野《みやぎの》（神奈川県箱根町）、熱海道・足柄道を押さえる根府川《ねぶがわ》（同小田原市）・足柄などの北条軍は、四月一日から二日、追われるようにして次々と小田原へ向け退去する。

山中城址

すでに伊豆半島西岸を南下していた水軍は、四月二三日までに下田城を開城させた。その主力は脇坂安治と安国寺恵瓊で、長宗我部元親・九鬼嘉隆らはこれ以前半島を迂回し小田原に向かったようだ。

また三月一五日に碓氷峠に達した前田利家らの北陸隊は、二八日、大道寺政繁の守る上野松井田城を包囲し、翌月二〇日に攻略する。次いで同二四日までに、箕輪（群馬県高崎市）、二七日までに厩橋（群馬県前橋市）、武蔵河越（埼玉県川越市）、下野唐沢山（栃木県佐野市）、五月二日までに上野石倉《いしくら》

＊**前田利家**　一五三八〜九九。大納言。加賀金沢城主。利春の子。

＊**脇坂安治**　一五五四〜一六二六。淡路洲本城主。

＊**九鬼嘉隆**　一五四二〜一六〇〇。志摩鳥羽城主。澄隆の子。熊野水軍を率いる。

＊**加藤嘉明**　一五六三〜一六三一。淡路志智城主。

＊**安国寺恵瓊**　?〜一六〇〇。東福寺退耕庵主。毛利輝元の使僧。豊臣秀吉にも仕える。

＊**鍋島直茂**　一五三八〜一六一八。竜造寺氏家臣。清房の子。初名信昌次いで信生。竜造寺政家に代わり家政を掌握。

＊**一柳直末**　一五五三〜九〇。美濃軽海西城主。直高の子。

（群馬県前橋市）・西牧《さいもく》（同下仁田町）・金山（同太田市）、下野足利（栃木県足利市）、武蔵深谷（埼玉県深谷市）などを接収した。前田は四月二二日、投降した大道寺をともなって小田原に入り、秀吉に上野方面の戦況を報告している。

かくして豊臣軍は、おそらく秀吉の想定を超えるハイ・ペースで、要害と険難な自然地形で固められた伊豆・上野の北条方防衛線を突破した。

小田原包囲　四月二日、秀吉は箱根峠を越え、五日、相模湯本（神奈川県箱根町）の早雲寺に入る。家康は宮城野（同）方面から箱根外輪山を越え、四日以前に小田原城東方の多古《たこ》丘陵付近、次いで今井《いまい》（同小田原市）に陣を据えた。山中城を攻略した秀次以下は、おそらく湯本付近から塔之峰《とうのみね》をへて小田原城北方の荻窪・水之《みずの》尾《お》（同）の一帯、日金山を越えた木村常陸介・池田輝政らは同西方の早川西岸、また秀吉から同八日を期して韮山から小田原への移陣を命じられた織田信雄・織田信包・細川忠興・蒲生氏郷のうち信雄・蒲生は秀次陣所東方の荻窪一帯、信包・細川は早川東岸の風祭・大窪付近に展開する。伊豆半島を迂回した水軍も、小田原の沿岸を封鎖して上陸し、長宗我部・加藤らは城東側の山王川《さんのうがわ》、脇坂は早川の河口付近に布陣した。

これら豊臣軍は四月四日に「十町*十五町」（本願寺文書）、七日には「五町十町」（鍋島文書）と徐々に小田原城との距離を縮め、一一日に「一町二町」（真田文書）まで詰め寄ると、防御用の堀・柵、陣屋などの作事を始めた。

---

* **町**　距離の単位。一町は一〇九メートルほど。

コラム

小田原城内に下された禁制

四月一六日、氏直は、〈総構〉内の本誓寺《ほんせいじ》に、軍勢などが寺の建物を解体したり物資を奪うことなどを禁じる禁制を下した。二〇日には玉伝寺《ぎょくでんじ》、二六日には伝肇寺にも同様な文書が下されている。

ここにいう軍勢は〈総構〉内に籠る北条軍のこと。三月二九日以降、伊豆山中城や箱根山中に展開していた軍勢は、続々と小田原城に集結する。〈総構〉が付設された小田原城には、その滞在が可能な充分な空間が確保されていたことはすでに見た。ただ彼らが起居するための屋敷などが整備されていた形跡はない。

開戦前、韮山の氏規が小田原城に入る配下に「小屋を懸《か》けて御用を務めよ」〔「伊豆順行記」〕と命じているように、本拠地を離れて小田原に籠城した者たちは、野営状態で雨露を凌ぐことを強いられていた。四月以降から籠城に加わった者たちの有様は、推して知るべしであろう。小屋掛けのための材木など、物資の不足も極限に達していたにちがいない。そのため寺の建物の部材が奪われるなどの事態が多発したのである。

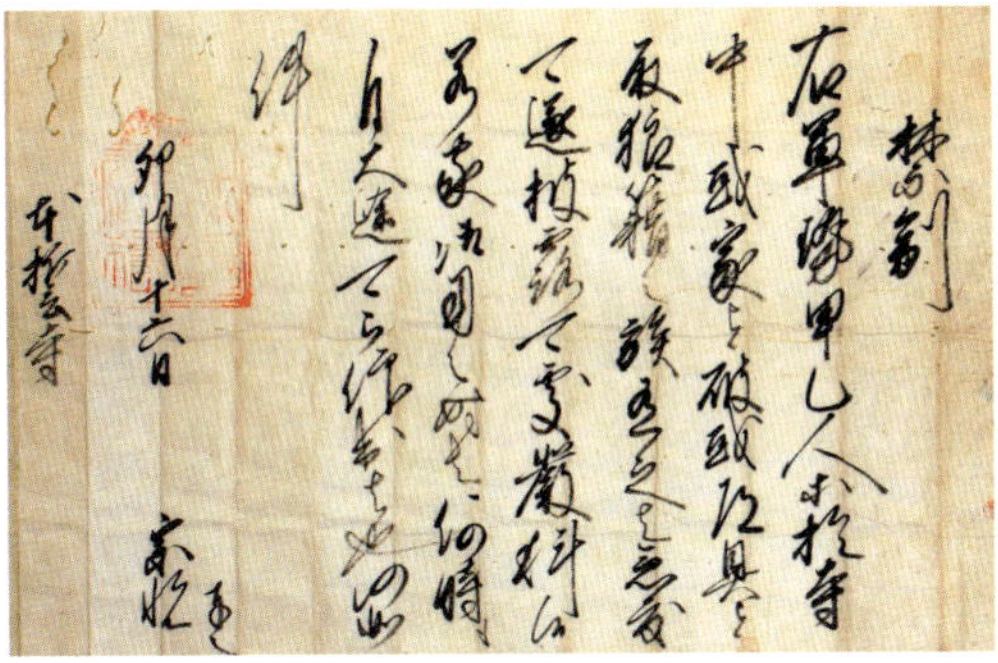

本誓寺に下された禁制〔天正18年４月〕　本誓寺蔵

石垣山一夜城址　小田原市教育委員会保管

この間、九日に小田原を出た飛脚が鉢形の氏邦のもとに到着し、同一四日には城外からの「かけ人」〔小幡文書〕が氏直に豊臣軍の動向を伝えている。小田原城中にあった高城胤則《たかぎたねのり》*が同一五日付で下総須和田《すわだ》神社（千葉県市川市）に宛てた印判状も無事届けられたようだ。しかし以後、小田原城内と城外との交信を示す史料は見当たらず、この頃までに、小田原城と外部との連絡は完全に遮断されるに至ったと見られる。

その一方で両軍の距離は、「詞《ことば》戦い」〔小幡文書〕を惹き起すまでに接近していた。七日、〈総構〉早川口の一画を守備していたとされる皆川広照が、木村常陸介の陣所に投降しているのは、おそらく包囲軍からの誘因に応じたものであろう。一二日、氏直は〈総構〉の守備兵に、敵方から「何を言ってきても、誘ってきても、決して相手にしてはならない」〔小幡文書〕と「詞戦い」を禁じている。

秀吉の陣所　秀吉が陣所とした早雲寺は、二代氏綱が創建した北条家の菩提寺《ぼだいじ》である。広壮な施設に着目したことはむろんだが、北条側に精神面での圧力を加え

---

* **高城胤則**　一五七二～一六〇三。下総の国衆。小金城主。胤辰の子。

る狙いもあったにちがいない。

だが四月二八日以前、秀吉は、箱根外輪山から相模湾方面にのびる尾根上の一画に、本格的な陣所＝石垣山一夜城《いしがきやまいちやじょう》*の造営に着手する。韮山・松井田などの攻略に向けて構築された付城《つけじろ》の一つともいえるが、聚楽第や大坂城にも劣らぬものにする、と秀吉が公言しているように、その規模は群を抜いていた。長期の持久戦を覚悟し、また自身の権威と実力を誇示するため、それにふさわしい座所を築こうと考えたのであろう。

石垣の築造には近江の穴太衆《あのうしゅう》*、建物の装飾には本阿弥光悦《ほんあみこうえつ》*や後藤徳乗《ごとうとくじょう》*らが当たった。工事は急ピッチで進められ、五月一四日頃には石垣が完成、残すは天守と広間の造営のみとなっている。ただ、さすがに壁は、土壁に杉原紙《すいばらがみ》を貼る簡易な仕上げにとどめられたらしい。

秀吉がここに本営を移したのは六月二六日。そのさいに城の東面、小田原城側の山林を一挙に伐採したため、北条方は突然の城の出現に驚き、大いに狼狽したという。「一夜城」の由来となったこの話の真偽は定かでないが、それが〈総構〉内はおろか東方の家康の陣所までもが俯瞰できる位置にあることは、北条方も認識していたであろう。

小田原城の守備　豊臣軍と接する最前線の〈総構〉には、山王口・渋取《しぶとり》口・井細田口・久野口・荻窪口・水之尾口・湯本口・箱根口・早川口の九つの城門があっ

* **石垣山一夜城**　箱根外輪山の大観山から南東にのびる尾根上に占地。本城曲輪・馬屋曲輪・井戸曲輪などからなり、関東初の惣石垣の城とされる。
* **穴太衆**　近江穴太（滋賀県大津市）の石工集団。
* **本阿弥光悦**　一五五八〜一六三七。工芸家。蒔絵・陶芸に優品を残す。
* **後藤徳乗**　一五五〇〜一六三一。金工家。光乗の子。

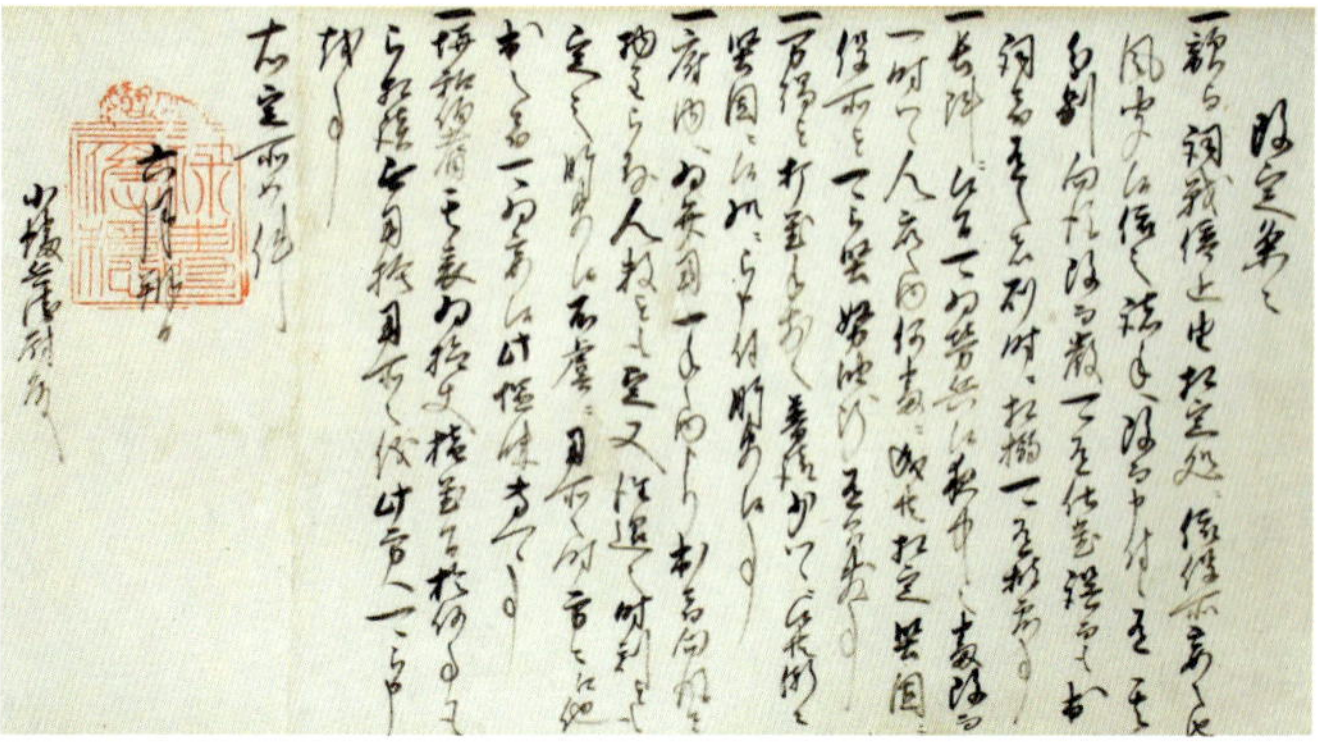

総構の守備について定めた虎印判状〔天正18年６月〕　神奈川県立公文書館蔵

たといい、氏直はこれらの守備を籠城する軍団に役所（持場）として分担させていた。

のちに戯作《げさく》作家となった三浦浄心《みうらじょうしん》*は、その著「北条五代記」のなかで、自身の役所が「東方の芦子川浜手《あしこがわはまて》の角矢倉《すみやぐら》」であり、その「一町ばかり上（北方）」、〈総構〉東北面外側の湿地帯に設けられた〈福門寺曲輪〉の周辺を山角康定・直繁《なおしげ》*父子、さらに北方の井細田口周辺を氏房、城の西側「早川おもて」（箱根口とされる）を松田憲秀・直秀《なおひで》*父子が守備していたと伝えている。氏房は井細田口の西方久野口の防備にも当たっていた。

役所では包囲軍への攻撃のほか普請が続けられていた。夜番は二時間交代。包囲軍との「詞戦い」のほか、妄《みだ》りに役所を離れることは厳禁されており、本丸の氏直と役所との連絡には、区画ごとに定められた検使が当たることとされていた。

ちなみに三浦の証言によると、〈総構〉の内側には「横三十間*程」の通路があり、

---

* **三浦浄心**　一五六五～一六四四。北条氏家臣。「北条五代記」のほか「慶長見聞録」「巡礼物語」「見聞軍抄」「そぞろ物語」などを著す。

* **山角直繁**　?。北条氏家臣。康定の子。

* **松田直秀**　?。北条氏家臣。憲秀の子。

* **間**　距離の単位。一間は一・八メートルほど。

守備兵が展開するとともに、二手に分かれた氏直の旗本《はたもと》が昼夜巡回していた。近隣の役所が攻撃を受けても、この巡回兵と夜番の交代要員のほかは決して応援せず自己の持場《もちば》の守備に撤することが定められていたという。兵力の偏在により空白の区画が生じるのを避けるためであろう。「上杉家御年譜」は、永禄四年（一五六一）三月、上杉謙信が小田原城を包囲したさいにも籠城兵が同様に対応していたことを伝えており、それは籠城戦における北条軍の伝統的な戦術であったのかもしれない。

相次ぐ諸城の陥落

小田原包囲軍の一部は東へ進み、四月一七日、相模白根《しらね》（神奈川県伊勢原市）で津久井城の内藤綱秀の手勢と交戦、二一日には伊豆山中から退去していた氏勝の拠る玉縄城を開城させ、相模をほぼ制圧した。以後氏勝は、大道寺政繁とともに北条方諸城の攻略に案内者として協力したという。

次いで二六日、秀吉は、浅野長吉《あさのながよし》*・木村常陸介、家康配下の本多忠勝《ほんだただかつ》*・鳥居元忠《とりいもとただ》*・平岩親吉《ひらいわちかよし》*らに北陸隊と合流して武蔵方面を平定するよう命じた。そのさい、「兵粮の扱いが重要だ。よく改めよ」〔浅野家文書〕と兵粮の現地調達を重視している。秀吉は水軍に兵粮を回漕させたが、内陸への搬送は主に陸路に頼らざるをえない。そこで北条方が諸城に集積していた兵粮に着目したのであろう。

浅野らは二七日に江戸城を接収、次いで下総・上総・常陸方面を掃討したのち、ふたたび武蔵に入り、五月二二日、岩付を攻略した。二七日には岩付城内にあった氏房妻の身柄や討ち取った守備兵の首級の受け渡し、武蔵方面の戦況などについて

＊ **浅野長吉**　一五四七～一六一一。長勝の養子。実父は安井重継。若狭を領す。のち長政と改名。

＊ **本多忠勝**　一五四八～一六一〇。徳川氏家臣。忠高の子。

＊ **鳥居元忠**　一五三九～一六〇〇。徳川氏家臣。忠吉の子。

＊ **平岩親吉**　一五四二～一六一二。徳川氏家臣。親重の子。

八王子城址

伝える長谷川秀一らの連署状が氏直宛てに出されている。おそらく矢文《やぶみ》を投じたのであろう。

ところで、武蔵制圧にさいし秀吉が最も警戒したのは、氏邦の籠る鉢形城であり、すでに五月三日には、浅野らに河越で前田らと合流しこれを攻めるよう命じていた。それゆえ秀吉は二〇日、下総方面などに進軍した浅野らを、二万もの軍勢で「安房・常陸の境目まで進み、開城を望む城を受け取るのは天下の手柄とはいえない」〔浅野文書〕と叱責し、岩付攻略後の二五日にも、その成果は認めつつ独断による城兵赦免を厳しく問責した上、重ねて鉢形攻めを促している。いずれも浅野らに秀吉の指示を伝える書簡の到着に日数を要したことに原因があるようであり、飛脚によって湯本の本陣から武蔵方面の戦略を統括するには限界のあったことが窺えよう。

その後六月五日以前、浅野らは前田・本多忠勝らとともに、ようやく鉢形を囲む。氏邦は、すでに岩付の陥落以前から、鉢形・岩付のほか、忍・八王子、相模津久井の開城と城兵らの助命を秀吉に求めていたが叶わず、しばしの抵抗ののち一四日、城を開いて正龍寺《しょうりゅうじ》に蟄居《ちっきょ》した。

鉢形包囲と相前後して、石田三成《いしだみつなり》*が、五月二七日に秀吉への参陣を果たした佐竹《さたけ》義宣《よしのぶ》*・宇都宮国綱・結城晴朝らとともに、武蔵忍への攻撃に取り掛かった。鉢形開城後は浅野も合流し、七月一日以前、史上名高い水攻めに着手する。また前田・木村らは南下して二三日、激戦の末に八王子を攻略し、本多らの家康家中は相模に入って、ほぼ同時に津久井を開城させた。二四日には韮山の氏規が家康の説得に応じて城を開いており、この時点で健在の北条方城郭は、小田原と忍の二城のみとなる。

伊達政宗らの参陣

開戦時点で氏直と同盟関係にあったのは家康と里見義康《さとみよしやす》*である。ただいまや家康は豊臣軍の先鋒として小田原包囲に加わっており、義康も四月下総・相模三浦方面などに進んで翌月秀吉に参陣していた。

その一方で、氏直がもっとも支援を期待していたのは、出羽米沢城（山形県米沢市）の伊達政宗であったという。天正一七年（一五八九）六月、会津の蘆名盛重《あしなもりしげ》*を陸奥黒川《くろかわ》城（福島県会津若松市）から追って蘆名領を併合していた政宗は、秀吉から「会津を返還しなければ許容はない」〔高橋六右衛門氏所蔵文書〕と明言されていた。氏直と政宗の間には、誓詞の交換も血縁の取り結びも確認されていないが、秀吉は小田原攻略後に奥羽を平定する考えであったから、対秀吉外交において、両者は一蓮托生の関係にあった。

秀吉が小田原攻めを決したのち、天正一七年一二月頃から、北条氏は政宗への接触を活発化させ、翌年一月下旬には氏直の使者、月斎吟領《げっさいぎんりょう》が米沢に入った。月斎

---

* 石田三成　一五六〇～一六〇〇。正継の子。初名三也。

* 佐竹義宣　一五七〇～一六三三。佐竹氏当主。義重の子。

* 里見義康　一五七三～一六〇三。里見氏当主。義頼の子。

* 蘆名盛重　一五七五～一六三一。蘆名氏当主。白川義広と同一人物。天正一五年三月前年に没した蘆名亀王丸の父盛隆の娘（盛興の娘とも）を娶り蘆名氏を継承。

は「出陣の噂があるので使者をお送りする。詳しい模様をお答え願えれば本望である」〔伊達文書〕と記された同一七日付政宗宛の氏直直書《じきしょ》を携えていた。次いで三月六日にも政宗への進物を託された氏直の使者が政宗に接見し、八日には伊達方の歓待を受けている。

いずれの場合も秀吉への対応が協議されたことはまちがいあるまい。だがこの間、前田利家・浅野長吉らも、政宗に秀吉への服属を頻りに促していた。

結局のところ政宗は、三月二五日、小田原の秀吉への参陣を決意し、生母保春《ほしゅん》院《いん》*の暗殺未遂などに阻まれながらも六月五日小田原に入る。秀吉は九日・一〇日と政宗を引見、会津の没収を伝え、奥羽の仕置きを命じた。

小田原城内の動揺

五月初旬、包囲軍は〈総構〉まで「一町二町」、さらに「廿間三十間」〔筑紫文書他〕にまで迫っていた。外部との連絡が断たれた城内では、正確な戦況の把握すら困難な状況にあったろう。〈総構〉の守備兵は、寄手からさまざまな情報を得ていた可能性もあり、一部は氏直ら中枢部にも伝えられたと見られるが、真偽をただす手立てもないというのが実情であった。

おりしも五月二七日、城内にもたらされた岩付陥落などを伝える長谷川秀一らの連署状には、鉢形・忍・八王子・津久井などの諸城の陥落も近いことが記されていた。それは城内に大きな衝撃をもたらしたらしく、直後の六月五日に上野国衆の和《わ》田《だ》信業《のぶなり》*が城を退去し、一六日には松田〔笠原〕政堯が豊臣方への内通を企てて粛清

＊保春院　?。義姫。最上義守の娘。伊達輝宗の妻。

＊和田信業　一五五九～一六一七。上野の国衆。赤坂城主。業繁の養子。実父は跡部勝資。

コラム

早雲寺炎上

開山の以天宗清をはじめ、北条時代の歴代住持がすべて大徳寺住持に出世している早雲寺は、京都の先進文化を受容する窓口でもあった。茶湯《ちゃのゆ》もその一つ。大徳寺は千利休《せんのりきゅう》ら和泉堺（大阪府堺市）の納屋《なや》衆《しゅう》と交流があり、早雲寺五世・大徳寺一一二世の明叟宗普《みょうそうそうふ》も、一時、堺南宗寺《なんしゅうじ》の住持を務めた経緯がある。天正一六年（一五八八）四月頃、利休の高弟で秀吉の勘気を被っていた山上宗二《やまのうえそうじ》が小田原に下向したのも、早雲寺と大徳寺との法縁があってのことにちがいない。

以後小田原ではにわかに茶湯が流行したといい、その年の五月には林阿弥《りんあみ》なる僧を通じて氏規、翌年二月には板部岡融成が、宗二から茶湯の奥義を記した指南書（「山上宗二記」）を伝授されている。いずれも秀吉との交渉に臨むべく上洛する直前のこと、茶湯を好んだ秀吉から茶席に招かれることも想定して教えを請うたのであろう。茶席は重要な外交の場として認識されていた。

しかし、その宗二は、天正一八年四月、利休の取り成しで秀吉の許しを得たのも束の間、またも「御耳にあたる事」（「長闇堂記《ちょうあんどうき》」）を口にし処刑された。次いで六月、秀吉は本陣を石垣山一夜城に移すに当たり早雲寺を焼き払う。秀吉は北条氏の文化をも圧殺した。

早雲寺

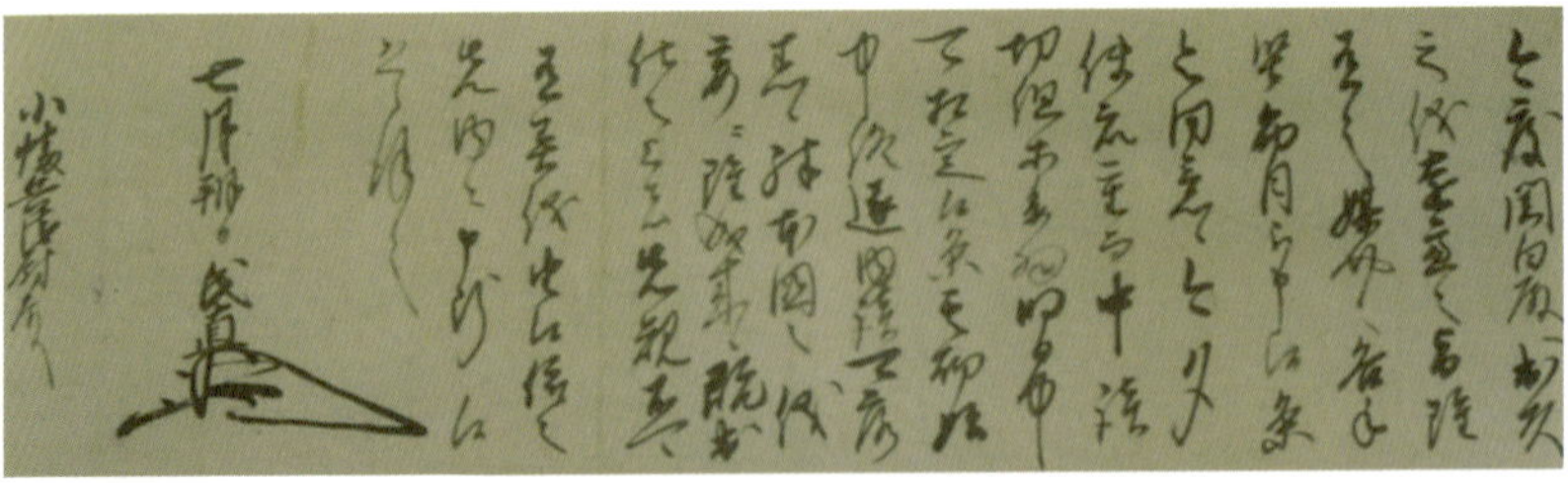

小幡信定に秀吉への投降の意向を伝えた氏直の書状〔天正18年７月〕　光円寺蔵

されている。

同一二日、氏康の妻瑞渓院殿・氏政の妻鳳翔院殿が死去しているのも、覚悟の自害であったにちがいない。すでに四月一五日、城内では、早雲寺の前住明叟宗普が、秀吉との和平を主張し、断食の末に絶命していた。瑞渓院殿らにも同様な思いがあった可能性はあろう。いずれにしてもこの頃から両軍の間では、ようやく講和に向けた交渉が進められることとなる。

講和交渉の展開　六月六日・七日の両日、織田信雄・徳川家康の意向をうけて、信雄配下の岡田利世《おかだとしよ》が小田原城内で氏直と対面した。秀吉への投降を勧めるためである。岡田は氏直の信任厚い小幡信定《おばたのぶさだ》*と親しく、あらかじめ信定にも同席を求めていたから、それが氏直と信定の関係を糸口にセットされたことは疑いない。

しかし信定は姿を見せず、交渉も不調に終わる。岡田が城を出て家康陣所に入った七日、家康が韮山の氏規に「まず城を出て氏政父子の許しを請うのが専一」（北条文書）との書状を送っているのは、この結果を踏まえての

＊小幡信定　一五六六～？。上野の国衆。国峰城主。信実の養子。実父は信高。

ことであろう。

一二日、氏直は信定に使いを送り、講和交渉の状況を口上で伝えさせた。岡田との対談の内容も伝えられたにちがいない。公式には徹底抗戦を表明しながら、密かに講和の道をも探っていた氏直は、信定だけには、これに関する情報も伝えたのであろう。むろん一方では、厳重な役所の守備を命じることも忘れていない。

次いで二四日、いよいよ秀吉自身が動き、黒田孝高《くろだよしたか》*・滝川雄利《たきがわかつとし》*を通じて氏直の弟氏房に講和を打診させる。同日、秀吉と面識のある氏規が投降したことが契機となったようだ。二二日、家康配下の井伊直政《いいなおまさ》*が〈総構〉東北面の〈福門寺曲輪〉を攻略したことも影響したであろう。それは小田原合戦におけるほとんど唯一の本格的戦闘であった。なお黒田らの陣所は、氏房の守る久野口に対峙する位置にあり、両者間にこれ以前から接触があった可能性も否定できない。

詳細な経緯は知られないが、その後七月一日、秀吉への投降の意向を固めた氏直は、小幡信定に「関白殿への出頭は、恐れ多いことだが、仲介の方々が手堅く段取りを定められたので同意した」〔小幡文書〕と伝えた。「仲介の方々」は黒田・滝川であろう。その労に謝すべく氏直は、黒田に家伝の名刀「日光一文字」*、「吾妻鑑《あずまかがみ》*」などを贈っている。

ただその前日、斯波義近《しばよしちか》*が「氏直父子が剃髪《ていはつ》して投降し赦免を請いたいと申している」〔伊達文書〕と秀吉に上申したところ、秀吉はにわかに機嫌を損じ、斯波を

* 黒田孝高　一五四六～一六〇四。豊後中津城主。小寺職隆の子。初名孝隆。
* 滝川雄利　一五四三～一六一〇。木造具康の子。滝川一益より家号を得る。伊勢国内で三万八〇〇〇貫文余を知行。
* 井伊直政　一五六一～一六〇二。徳川氏家臣。直親の子。
* 日光一文字　鎌倉中期の作。下野二荒山神社への奉納品でのち宗瑞が入手したと伝える。福岡市美術館現蔵。
* 吾妻鏡　北条本と呼ばれる伝本。慶長九年に黒田長政から幕府に献上。国立公文書館現蔵。
* 斯波義近　?～一六〇〇。義統の子。

北条氏政・氏照の墓所

追放していた。投降する氏直に秀吉がどう対応するかは、予断を許さない状況にあった。

小田原開城

七月五日、降りしきる雨のなか氏直は、氏房とともに城を出て滝川の陣所に入り、自身の命に代え城兵を赦免するよう秀吉に嘆願した。

秀吉は、当初「許し申さず」〔本願寺文書〕と厳しい姿勢を見せる。しかし黒田らの進言を受けてか、同日のうちに氏直の態度を「神妙」〔小早川家文書他〕として赦免し、氏政・氏照および大道寺政繁・松田憲秀に切腹を命じた。この処置について秀吉は、氏政ら「四人の所行により表裏と聞きおよんだからだ」としている。「表裏」とは兼約の氏政の上洛が果たされなかったことを指すらしい。氏直が家康の娘婿であった点も考慮されたであろう。

翌六日、脇坂安治と片桐且元《かたぎりかつもと》*、家康配下の榊原康政《さかきばらやすまさ》*が小田原城に入る。入れ替わるように、七日から九日にかけて籠城兵や町人らが城を出た。長期の籠城で疲れ切っていたのか、大きな混乱はなかった。秀吉の入城は一三日である。

氏政・氏照は、一一日の午後四時頃に切腹した。場所は医師田村長伝《たむらちょうでん》*の屋敷。氏規が介錯《かいしゃく》したという。首級は京都に送られ、聚楽第の橋に晒された。家康家中

---

* 片桐且元　一五五六～一六一五。直貞の子。初名直倫次いで直盛・且盛。
* 榊原康政　一五四八～一六〇六。徳川氏家臣。長政の子。
* 田村長伝　?～一五九一。医師。安栖軒と称す。長栄の子。祖父宗仙のとき京都から小田原に来住と伝える。

の井伊直政らが氏政の助命に動いたが、実らなかった。

氏直は高野山へ追放と決まり、二一日に小田原をあとにした。氏規・氏房らの一族や側近ら三〇〇名ほどが従ったという。大道寺は一九日に江戸桜田で自裁、松田に関しては所伝を欠く。

ところで、この合戦にさいして氏直は本丸で指揮に当たったが、氏政は水之尾口方面の防衛のため、氏直とは別に〈八幡山古郭群〉の一画にあったと見られ、講和交渉に感知していなかった可能性がある。氏政が城を出て家康陣所に入ったのは、氏直の投降から五日後の七月一〇日のこと、あるいは最後まで開城を拒んでいたのではないか。七日以前に滝川陣所にあった氏直もまた、同日、家康陣所に移っていた。氏直が開城の経緯を氏政に伝えたのは、この日であったかもしれない。氏政切腹の前日である。

「北条五代記」は、滝川が氏房に、講和がなれば伊豆・相模・武蔵の三ヵ国はこれまでどおり氏直に安堵する、秀吉と氏直が対面し「水魚の契約」を結べば翌日秀吉は兵を収めて京都に帰還する、との秀吉証文を提示したので、氏直は秀吉に対面するため近臣のみをともない城を出た、と伝えている。当時の小田原城内ではそんな風聞もあったのであろうか。ただすでに四月二三日以前、伊豆は家康に与えられており、この段階で秀吉がそうした条件を示したとは考えられない。実際、そうした策を要しないまでに北条方の敗北は決定的な状況にあった。

それにしても、氏直に父祖が築き上げてきた領国への執着はなかったのか。これに関しては氏直自身も秀吉も、そして黒田らも何も語っていない。真相はいまだ闇の中にある。

Ⅳ

小田原城と小田原宿を歩く

北側の上空から望む小田原城跡　小田原市教育委員会保管

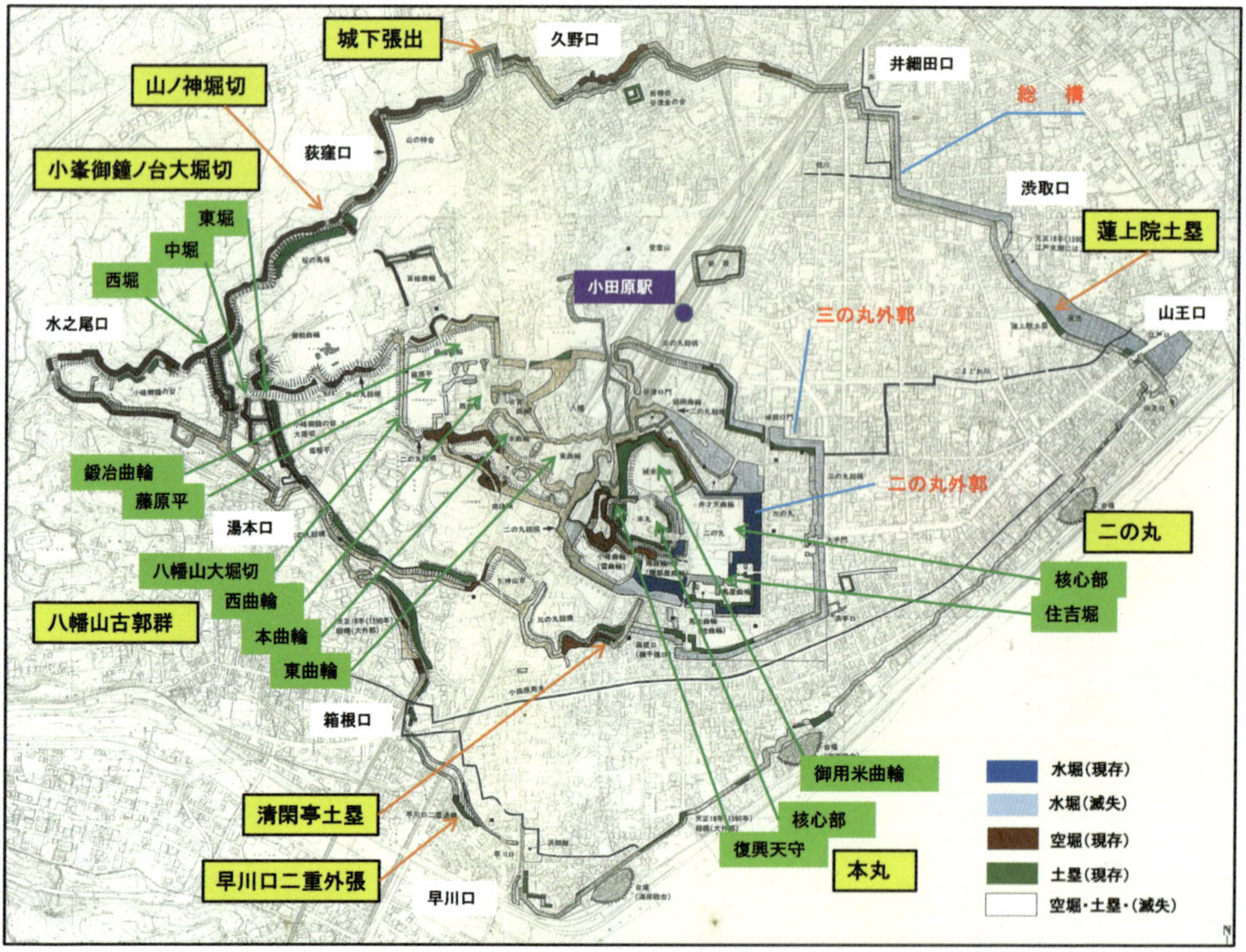

小田原城案内図

一　小田原城

現存する遺構

現在確認される小田原城の遺構の主体は、近世の本丸・二の丸に当たる部分で、復興天守の東・南・北方に展開している。その外縁に展開していた三の丸の遺構は、北東〈幸田口門〉と南方〈箱根口門〉付近の土塁などのほかは、近代以降の市街地化にともない、ほとんどが消滅した。

この縄張は、寛永九年（一六三二）小田原に入部した稲葉《いなば》氏により、翌年から延宝三年（一六七五）頃まで断続的に行なわれた改修・整備をへて成立した。基本形は北条時代に形成されたとされるが、当時の遺構は改変され、あるいは地下に埋没し、実像は明瞭でない。

その西方、現在JR東海道線などが走る谷状の地形を挟んだ八幡山の一帯に、空堀と土塁で構成される山城風の〈八幡山古郭群〉などが展開している。もともと東側の近世遺構、厳密にはその前身となった中世遺構と一体であったが、前記の稲葉氏による改修にともない閉鎖されたため、幸いにも北条時代の遺構が温存された。

北条時代の小田原城は、近世遺構と〈八幡山古郭群〉、さらに東海道沿いに展開する城下の宿をも取り囲む全長九キロほどの防塁〈総構〉を備えていた。

以上のうち近世本丸・二の丸の一帯は、公園として整備されているが、〈八幡山古郭群〉〈総構〉は、近世を通じ城郭としての機能を失っていたこともあって史跡整備はいまだ途上にあり、一般の散策が可能な場所も限られている。

本丸と復興天守

城内／【交通】小田原駅から徒歩10分

昭和三五年（一九六〇）に鉄筋モルタルの現代工法で建築された復興天守の建つ高台が、近世の本丸である。四方の石垣は、大正一二年（一九二三）の関東大震災で崩落したままとなっているが、天守台の石垣は、復興天守建設に先んじて昭和三五年に積みなおされた。

天正一八年（一五九〇）七月六日、小田原城に入った榊原康政が戦利品として持ち帰った銅鑼《どら》には「北条氏直天守二重目にこれあり」と記す付札があり、当時の小田原城に多層構造の「天守」が存在したことを伝えている。この「天守」もおそらくこの高台にあり、氏直はそこで全軍の指揮に当たっていたのであろう。「小田原陣仕寄陣取図」（Ⅲ扉参照）で「本城」（本丸）と記す区画に描

復興天守　小田原市教育委員会保管

発掘中の御用米曲輪　同前

かれる二層櫓がこれに当たると見られるが、「相州小田原古絵図」（慶長一九年～寛永八年頃）に見える三層の天守を北条時代のものとする見方もある。

ちなみにこの三層の天守は、寛永一〇年（一六三三）の地震で姿を消した。その後稲葉氏が再建した天守も元禄一六年（一七〇三）の地震で倒壊しており、現在の復興天守は、宝永四年（一七〇七）に大久保氏が築き、明治三年（一八七〇）の廃藩置県《はいはんちけん》にともない解体された形態をもとに再現したものだ。昭和四六年には、東方二の丸から〈九輪橋〉をへて本丸に至る登城ルートの上に位置する〈常盤木門《ときわぎもん》〉も復興されている。

御用米曲輪

城内／【交通】小田原駅から徒歩10分

復興天守の立つ本丸高台の北側直下に位置する。北東から西側にかけて、近世二の丸の〈弁財天曲輪《べざいてんくるわ》〉（評定所曲輪）〉などとの境をなす土塁がめぐり、南西方は本丸の高台とを画する急傾斜地となっている。南東は埋没した堀を隔て二の丸の核心部に接していた。

近世に用米蔵が置かれていたこの区画の下層からは、宝篋印塔《ほうきょういんとう》の部材などで護岸された苑池、切石で敷きつめられた庭園、多数の建物遺構などが確認されている。それは天正年間（一五七三～九二）頃の遺構で、立地・構成などから、北条家中において相当の地位にある者の居館址と推定された。

そこはまた、三代氏康の隠居後の館と「大蔵」が所在したと見られる区画であり、遺構の推定年代からすると、氏康の後継氏政が、天正八年（一五八〇）八月に隠居したのちに営んだ居館に比定される可能性がある。

二の丸と住吉堀

城内／【交通】小田原駅から徒歩15分

本丸高台の東方直下、東側と南側を水量豊かな〈二の丸東堀〉〈南曲輪南堀〉などで囲まれた一画が近世二の丸の核心部である。その南側に〈住吉堀〉で仕切られた〈馬屋曲輪《うまやくるわ》〉〈馬出曲輪《うまだしくるわ》〉、西側の郷土文化館・図書館の一帯に〈南曲輪〉、報徳二宮神社の一帯に〈小峯曲輪《こみねくるわ》〉、北側の旭丘高校などの周辺に〈煙硝曲輪《えんしょうくるわ》〉〈弁財天曲輪〉が展開している。

近世二の丸は、弁財天通りの南西面、かつて〈弁財天曲輪〉の北東縁に沿い旭丘高校正門付近から現在広場となっている専売公社の跡地辺りにかけて存在した〈蓮池〉、〈二の丸東堀〉〈南曲輪南堀〉などで三の丸と仕切られていた。この外郭線の原型は、天文二〇年（一五五一）に南禅寺の東嶺智旺が記した「三方」の「大池」をもとに造成されたと考えられている。

昭和五八年（一九八三）から一〇年をかけ、〈住吉堀〉周辺で行なわれた発掘調査では、堀底から北条時代の障子堀・井戸などの遺構が確認された。これによると堀や曲輪の構成・配置などは近世とはかなり異なっていたようだ。

小田原城跡の整備は、幕末期の姿への復元を基本方針としており、調査後は〈住吉堀〉に架かる〈住吉橋〉、その北側、核心部の入口に建つ〈銅門《あかがねもん》〉が復元された。これには明治六年（一八七三）三月発行の「ザ・ファー・イースト」誌に掲載された古写真が役立てられている。次いで南側の〈馬屋曲輪〉の調査も行なわれ、〈馬出門〉や南東の隅櫓《すみやぐら》の基壇などが復元された。

なお、核心部の南東隅、朱塗りの欄干《らんかん》の学橋《まなびばし》の南に建つ隅櫓は、関東大震災で倒壊したのを再建したものだが、意匠などは再建前と異なっている。

新堀の清閑亭土塁

南町／【交通】小田原駅から徒歩20分。
箱根登山バス停「藤棚」から徒歩5分

近世二の丸の〈小峯曲輪〉に建つ報徳二宮神社の南側、小田原邸園交流館として観光客を集める清閑亭《せいかんてい》（旧黒田《くろだ》長成《ながしげ》別邸。明治末期頃の建築）の周辺に残存する北条時代の遺構で、箱根外輪山からのびる天神山尾根を利用して造成されている。

　山地部における三の丸外郭の南面を構成する〈新堀〉の東端近くに当たり、東方は、失われた低地部の〈三の丸南堀〉、西は後述〈総構〉の〈小峯御鐘ノ台大堀切東堀〉へとつづく。

三の丸外郭の土塁上に建つ清閑亭　同前

　清閑亭では、中世城郭と近代別邸の遺構とが重層する独特の景観が見られる。小田原は近代以降、保養地・別荘地として栄え、付近には山下亀三郎《やましたかめさぶろう》・瓜生外吉《うりゅうそときち》らの別邸も営まれていた。また西方の板橋《いたばし》には、山縣有朋《やまがたありとも》・清浦奎吾《きようらけいご》・益田孝《ますだたかし》・大倉喜八郎《おおくらきはちろう》・松永安左ヱ門《まつながやすざえもん》ら、国道一号を隔てた南方の西海子《さいかち》とその海寄りの一帯には、伊藤博文《いとうひろぶみ》・森有礼《もりありのり》・田中光顕《たなかみつあき》・松本剛吉《まつもとごうきち》・望月軍四郎《もちづきぐんしろう》・横河民輔《よこかわたみすけ》ら、日本近代史にその名を刻む著名な政財界人が別邸を構えている。

　板橋の旧松永安左ヱ門別邸（松永記念館）、西海子の旧田中光顕別邸（小田原文学館）、旧松本剛吉別邸など現存する建築も少なくなく、これらは小田原城跡とともに、歴史都市小田原の景観と風情を構成する重要な要素となっている。

八幡山古郭群

城山／【交通】小田原駅から徒歩15分

〈八幡山古郭群〉は、小田原駅の西方、八幡山の一帯に展開する〈本曲輪〉〈東曲輪〉〈西曲輪〉〈南曲輪〉〈鍛《か》冶曲輪《じくるわ》〉〈藤原平《ふじわらだいら》〉の総称である。縄張上〈本曲輪〉以下の三曲輪は本丸、〈南曲輪〉以下は二の丸とされる。

　小田原駅西口に近い城山中学校入口交差点から西方に登る坂の途中、中学校正門の先を左折すると、ほどなく東、次いで西・南への展望が開けてくる。ここから北・西側の住宅地にかけてが〈本曲輪〉の比定地。道沿いの崖地は、これと〈東曲輪〉〈南曲輪〉とを区切る堀などの名残だ。〈東曲輪〉の一部は公園整備されており、ここへは城山中学校入口交差点南側の東海道新幹線の架橋をくぐり、青橋交差点先の右手からアプローチする。

城山中学校の正門前を直進し、百段坂と呼ばれる急坂を上りきった先の左手、神奈川県立小田原高校の敷地一帯が〈西曲輪〉〈藤原平〉、右手の小田原市営庭球場周辺が〈鍛冶曲輪〉の故地である。

庭球場の東と北には〈鍛冶曲輪〉外縁の土塁の名残が認められ、その北側の西端は〈藤原平〉の西縁を南北に貫く延長二〇〇《メートル》ほどの〈八幡山大堀切〉の北端に接していた。高校西側の直線道路は、ほぼこの堀切に沿って敷設されており、南端の大久保神社の北側には、これにともなう土塁の一部が残る。

整備された東曲輪　同前

これら遺構は、かねて北条氏入城以前の大森時代のものと考えられてきた。だが発掘調査による造成年代は、今のところ天正年間をさかのぼらない。それは小田原合戦に向け、西方の箱根山方面から迫るであろう豊臣軍に備えて整備されたと見るのが妥当のようだ。

そのさらに西側に展開する〈総構〉の水之尾口・箱根口・早川口の防備に、それぞれ氏政・松田憲秀・氏照という枢要な一族・宿老が当たったこと、「小田原陣仕寄陣取図」によると、水之尾口の防備のため、新たな拠点となる「新城」を設けていたらしいことなどから見ても、北条側がこの方面の防衛をいかに重視していたかが窺える。この「新城」の遺構などは確認されていないが、〈八幡山古郭群〉の一画にあった可能性は高く、しかも周辺にはかなり厳重な防衛施設が整えられていたことが想定されよう。

〈八幡山古郭群〉が大森時代の主郭であったことは否定できないが、その遺構は小田原合戦段階の大規模な普請で大きく改変されたと見るべきであろう。

小峯御鐘ノ台大堀切

城山・十字／【交通】小田原駅から徒歩20分

城の西部、箱根外輪山に連なる塔ノ峰から東方にのびる尾根筋を遮断するかたちで造成された空堀で、〈東堀〉〈中堀〉〈西堀〉の三条で構成されている。

〈東堀〉は、清閑亭土塁に連なる三の丸外郭の西端部に位置し、前記〈八幡山大堀切〉の西方、戦没者慰霊塔の建つ城山公園の西北端付近から南に向けて展開している。現状の総延長は二七〇《メートル》、深さは一〇《メートル》、幅は土塁の上端部で三〇《メートル》ほど。東側に沿う土塁とともに保存状況は極めて良好である。

その西側に位置する延長一五〇《メートル》ほどの〈中堀〉と二〇〇《メートル》ほどの〈西堀〉は、〈総構〉と一体の遺構で、〈東堀〉とともに塔ノ峰からの尾根筋を三重に切り塞ぐかたちで造成された。〈中堀〉は〈東堀〉北端の五〇《メートル》ばかり西方のT字路から南に向けて、かつての堀底を進む道沿い、〈西堀〉は同T字路から北進する道の西側に展開しており、後者の一部には散策路が付設されている。

さらに西方には、〈西堀〉

小峯御鐘ノ台大堀切東堀　同前

総構を分断して造成された山ノ神堀切　同前

城下張出東面の堀　同前

の北端と〈東堀〉の南端を起点とし、塔ノ峰から下る尾根筋に沿う標高一二三メートルの〈小峯御鐘ノ台〉を取り囲む〈総構〉が造成され、その西端に水之尾口が設けられた。この一画の極端に西方へ突出した構造は、寄手への側面からの攻撃も念頭に置いたものであったろう。

山ノ神堀切

緑／【交通】小田原駅から徒歩20分

〈小峯御鐘ノ台大堀切中堀〉の北端部のT字路から北西に向かう道を進んだ先、谷津《やつ》丘陵の北辺に沿う稲荷《いなり》森《もり》・山ノ神《やまのかみ》の〈総構〉と直行するかたちで造成されている。小田原駅からは、西口を出て、城山交差点から西に向かう古道を辿る。

残存する遺構の全長は四五メートルほど、堀底の幅は最大一〇メートルほどで、北西端は〈総構〉外縁の空堀に切れ落ち、城外や東西に連なる〈総構〉への展望を開いている。

立地・構造などから見て、水之尾口を突破した寄手が〈総構〉沿いに桜《さくら》ノ馬場《ばば》から山ノ神方面へ移動するのを阻むのが主たる目的であったようだ。東方の〈城下張《しろしたはり》出《だし》〉方面から桜ノ馬場方面への寄手の進軍を防ぐ機能も想定されていたであろう。

その南側に展開する〈百姓曲輪〉は、小田原合戦で籠城した百姓らの配置区画であったとされる。

城下張出

谷津／【交通】小田原駅から徒歩20分

〈総構〉の北面に張り出す半出丸《でまる》状の遺構で、〈山ノ神堀切〉の北東方、城山交差点からつづく古道の途中から北西に分岐して進んだ先の住宅地の一画にある。

土塁は削平されているが、東側の三五メートルほど、およびその南端から東へほぼ直角に屈曲して久野口方面につづく空堀は、比較的良好に保全されており、北面と西面の崖地も空堀法面《のりめん》の面影をとどめている。

後背には城源寺《じょうげんじ》がある。〈総構〉の内縁には寺院の配置されている例が多く、いずれも小田原合戦にさいし、防衛のための拠点施設として機能したことが想定されよう。

早川口二重外張

南町／【交通】早川駅から徒歩15分。箱根登山・伊豆箱根バス停「早川口」から徒歩5分

国道一号の早川口交差点から、JR東海道線に沿って南方に進んだ先の左手に位置する。〈総構〉の西南部に開口する早川口の虎口《こぐち》を構成する遺構とされ、郭内の東側には感応寺（今はない）の敷地が接していた。

二重外張《ふたえとばり》は、土塁と堀を二重に廻らした構造をいう。近代には政治家の別邸などが営まれたが、現在では史跡公園として整備され、八〇メートルほどにわたる堀と、これを挟む二条の土塁の痕跡を観察することができる。

小田原合戦のさい、この方面の守備に当たったのは氏照。その陣所については「法心寺《ほうしんじ》」（「小田原陣図」）と伝える史料がある。おそらく報身寺であろう。現在、遺構の南東、早川の河口近くに所在する。また遺構東方の〈お花畑〉には、宿老の松田憲秀の屋敷があったといい、これも松田が早川口北方の箱根口の守備を担当していたこととの関連を窺わせる立地といえよう。

その箱根口の東方、近世〈山角町《やまかくちょう》〉付近は、北条時代に〈山角〉と呼ばれたところ。東海道北側の居神《いがみ》神社周辺の傾斜地には、地名の由来となった御馬廻衆の山角康定のほか、一門の氏照、河越衆の山中頼元らが屋敷を構えていた。

周辺の伝肇寺・玉伝寺、庭松寺（今はない）は、前記の感応寺・報身寺とともに防衛拠点として利用されたであろう。伝肇寺には松田憲秀の取次で集められた諸氏の人質も置かれていた。〈今宿《いまじゅく》〉に居住する外郎氏の菩提寺で、久遠寺《くおんじ》の日伝《にちでん》に寺号を付与された玉伝寺は、三条西実枝・飛鳥井重雅ら公家衆の宿所とされたこともあり、規模・格調などの面で、これにふさわしい建物であった

にちがいない。

蓮上院土塁

浜町／【交通】神奈川中央交通・箱根登山バス停「浜町」から徒歩5分

国道一号の浜町交差点の北方、蓮上院《れんじょういん》境内の東北縁に位置する。現存する遺構の全長は一〇〇メートルほど。井細田口から渋取口、江戸口をへて海岸線へとつづく東側平地部の〈総構〉の威容を伝える貴重なものだ。

その東側の外縁には、渋取川の流れを引き込んだ湿地帯が展開していたが、近世以降は水田となり、現在ではまったく消滅している。

蓮上院は、物持院・成事智院・地福寺・金剛頂寺・西明寺・宝金剛寺とともに「相州真言七か寺」〔金剛頂寺文書〕の一つに数えられた、相模における東寺門末の有力寺院。歴代住持は、小田原総鎮守とされる松原神社の社務に与《あずか》る供僧《ぐそう》を務め、北条氏と親密な関係にあった。

また当時〈花木〉と呼ばれた周辺の一画には、〈総構〉の造成以前から花木殿・安齋新五郎の屋敷が所在していた。花木は小田原衆に所属、猛将として知られる綱成の縁者らしい。安齋について詳細は知られないが、屋敷の規模は五〇〇平方メートルほどで、のちに内藤彦太郎、次いで梶原景宗へと伝領されている。内藤は幻庵宗哲の配下、梶原は紀伊出身の傭兵で水軍を率いた。

早川二重外張。右手が総構外縁の土塁　同前

東側の旧湿地帯側から望む蓮上院土塁　同前

二　小田原宿

小田原宿の成立

小田原といえば小田原城。だが都市としての小田原の成立の歴史を見ると、のちに城下町として繁栄を見せる宿の成立が築城に先んじていた。

　鎌倉時代の一三世紀半ば以降、伊豆三島（静岡県三島市）から足柄峠を越えて相模関本《せきもと》（神奈川県南足柄市）に通じる足柄道に代わり、箱根峠をへて相模湯本（神奈川県箱根町）に至る湯坂道（箱根道）が東海道の本道とされる。そのルートは、ほぼ国道一号に重なるが、現在の小田原市街地付近の場合、西方の上板橋・板橋見附交差点間ではやや北より、東方の本町交差点・山王川間ではやや南寄りの海沿いを走っていた。

　この新たな東海道は、南町の早川口交差点付近で伊豆山方面に通じる熱海道、現本町の松原神社近くの青物《あおもの》町《ちょう》交差点付近で多古から中郡方面あるいは関本に向かう甲州道と分岐しており、小田原は三つの街道の結節点に位置していたことになる。こうした条件のもと、小田原周辺の交通量は飛躍的に増加する。とりわけ鎌倉から箱根権現・伊豆山権現を参拝する二所詣《にしょもうで》のルートとして賑わい、一四世紀初頭の嘉元年間（一三〇三〜五）頃、史料上に初めて登場する「をたわら」（称名寺文書）は、すでに宿としての機能を備えていたようだ。

　近世の小田原城下には、城南方の東海道に沿い西から東へ〈山角町〉〈筋違橋《すじかいばし》町〉〈欄干橋《らんかんばし》町〉〈中宿《なかじく》町〉〈本町〉〈宮前町〉〈高梨《たかなし》町〉〈万《よろつ》町〉〈新宿町〉の通町九町、その南側に〈茶畑《ちゃばたけ》町〉〈代官《だいかん》町〉〈千度小路《せんどこうじ》〉〈古新宿《こしんしく》町〉、および城東方の甲州道沿いに南から北へ〈青物町〉〈一丁田《いっちょうだ》町〉〈台宿《たいじく》町〉〈大工《だいく》町〉〈須藤《すとう》町〉〈竹花《たけのはな》町〉の脇町一〇町が形成されていた。この町割も城郭とともに稲葉氏によって整備されたものである。

　北条時代においては東海道沿いにいくつかの街区が点在するにすぎなかったようだが、城下の発掘調査などは途上にあり、その立地・区画などについては、いまだ確定し難い面がある。

今宿

本町／【交通】箱根登山・伊豆箱根バス停「箱根口」下車

国道一号の箱根口交差点の東寄りに、透頂香《とうちんこう》の製造・販売で知られる外郎（宇野）家がある。北条時代に〈今宿〉と呼ばれた街区が展開していたのが、東海道を挟んだこの一帯。呼称からして、当時もっとも栄えた街区であったろう。

東海道には、天文年間の中頃までに西方板橋で早川から取水した「小田原用水」が敷設されており、地内には元亀三年（一五七二）以前、これに〈欄干橋〉という橋が架けられていた。当地付近が近世に〈欄干橋町〉と呼ばれたゆえんである。やや西方、近世〈筋違橋町〉の名の由来となった〈筋違橋〉も、「小田原用水」に関連する水路に架かる橋の一つであったろう。

小田原宿案内図

外郎氏は〈今宿〉の有力町人で、下野日光（栃木県日光市）などでも透頂香の独占販売を認められている。もとは京都にあり、初代定治は、氏綱と関白近衛尚通らとの交信を仲介するなどしていた。小田原への定住は、氏綱時代の大永二年（一五二二）頃と考えられている。〈今宿〉の成立も同じ頃であろう。

なお、将軍足利義晴の内談衆《ないだんしゅう》大《おお》館《だち》常興《じょうこう》は、天文八年閏六月三日の日記に「外郎が薫衣香を進上した。

毎年のことである。近年は能州（能登）に在国」（「大館常興日記」）と記している。同年一二月にも同一人物らしい「外郎法源」が「御薬五種一包」を義晴に進上している（同）。小田原の外郎氏とは別系であろう。外郎氏には上野厩橋（群馬県前橋市）次いで松井田（同安中市）を拠点とした一流もあった。

透頂香で知られる外郎家

永禄九年（一五六六）五月、氏康が当時小田原にあった人質の監視を町人に分担させたさい、定治の子家治《いえはる》は、〈今宿〉の奉行として宿内の町人を差配するよう命じられている。有力町人としての宇野氏の役割の一面が窺えよう。ただその一方で家治は、子の吉治《よしはる》とともに当主身辺を固める御馬廻衆に所属する武士でもあり、家治は武蔵今成《いまなり》（埼玉県川越市）、吉治は同野本《のもと》（同東松山市）に知行を与えられていた。三代光治《みつはる》は氏照に仕えている。

ちなみに〈今宿〉付近の東海道を起点に南にのびる〈安斎小路《あんさいこうじ》〉〈狩野殿小路《かのどのこうじ》〉の呼称は、それぞれ安栖軒《あんせいけん》田村長伝、狩野氏の居宅があったことに由来するという。田村は京都出身の医師で御家中衆に所属。狩野は御馬廻衆の狩野泰光、松山衆の狩野介らに当たろうか。

田村の居宅は、天正一八年七月一一日、氏政・氏照が自裁したと伝えられるところだが、詳細な場所は不明のままだ。氏政らの首級は京都へ送られたが、遺体は現地で埋葬された。小田原駅の東口近くに、墓所と伝える場所がある。当時は早雲寺の末寺伝心庵《でんしんあん》があり、同寺が現在の中町に移転したのち荒廃していたのを、稲葉氏が再興したものだ。次いで貞享三年（一六八六）の大久保忠《おおくぼただ》職《もと》の入封にともない、その内庵永久寺の寺地となり、近代に入って同寺も谷津に移転すると、この墓所のみが残された。

さらに西方の早川口交差点の周辺、前記〈山角〉の一画には、畳刺《たたみさし》弥左衛門の工房があったと見られる。その西につづく旧東海道沿い、当時〈大窪〉と呼ばれた板橋には、石工《いしく》善左衛門（田中を称したという。のち青木に改姓）・紺屋《こんや》津田氏が居住していた。善左衛門の後裔は、今も石材業を営む。

宮前町

本町／【交通】箱根登山・伊豆箱根バス停「幸町」下車

〈今宿〉の東方、国道一号の本町交差点前に建つ小田原宿なりわい交流館の東北方に、小田原総鎮守とされる松原神社とその旧供僧西光院《さいこういん》がある。東海道と甲州道が交差する青物町交差点の西側の、この門前一帯に展開していたのが〈宮前町〉である。

すでに貞和二年（一三四六）一〇月に「小田原松原大明神」（「諸州古文書」）の記載が見られ、小田原が松原神社周辺の呼称であったことが知られる。一四世紀初頭に成立した小田原宿の位置もまた、この一画に比定されよう。永正一六年（一五一九）四月、宗瑞が幻庵宗哲に与えた箱根領注文に「同（小田原）しゅく（宿）のちしせん（地子銭）」（「箱根神社文書」）と見える宿も〈宮前町〉を主体とする区域であった可能性が高い。地子銭《じしせん》は宿内の屋敷に対する課税とされる。

松原神社は北条家の崇敬が厚く、氏康・氏政らは供僧を務める西光院・蓮上院にしばしば神前で祈禱を執行させている。西光院はまた別当玉瀧坊《ぎょくりゅうぼう》（今はない）とともに毎月の境内清掃などを命じられていた。これには〈今宿〉の欄干橋から〈宮前町〉〈船方《ふなかた》村〉に至る東海道筋から一〇〇余人の人足が徴発されている。

宿内には武蔵・上野・上総・下総の商人問屋を務める加藤氏がいた。先にふれた永禄九年の人質監視にさいし〈宮前下町〉の奉行を務めており、〈宮前町〉においての〈今宿〉の外郎氏と同様な役割を果たしたことが分かる。天正一〇年（一五八二）四月には、氏直から町内の清掃、他国からの来訪者の報告などを命じられていた。

なお〈宮前下町〉の名は〈宮前上町〉の存在を暗示しており、当時〈宮前町〉が二

松原神社

町に分かれていたことを想定させる。ただ天正一〇年の史料にはふたたび〈宮前町〉と所見されるから、〈宮前下町〉と〈宮前上町〉は、町内の住人に人質監視を割り当てるさいの便宜的な区分であったかもしれない。とすれば〈宮前町〉は〈今宿〉よりも多くの町人を擁する区画であったと見ることができよう。

ちなみに、その北方の甲州道沿いに位置する近世〈一丁田町〉付近には、〈山上横町《やまがみよこ》〉〈小笠原《おがさわら》町〉などの古称が残り、それぞれ山上久忠・小笠原康広《おがさわらやすひろ》の居宅があったことに由来すると伝える（後者の位置は明確でない）。

山上は氏直の近臣で、小田原合戦後、氏直とともに高野山に蟄居した。小笠原は氏綱時代に京都から小田原に下向し御家門方に列した奉公衆元続の子。元続の祖父政清は宗瑞妻の父で、元続は氏綱の従兄弟、康広は氏康のはとこに当たる。

その甲州道は、さらに北方の大工町交差点で西に折れ、銀座通り交差点からふたたび北上する。両交差点に挟まれた一画が近世〈大工町〉、銀座通り交差点の北側が近世〈須藤町〉。後者の名は、職人衆筆頭の須藤惣左衛門《すどうそうざえもん》の屋敷があったことに由来するという。

須藤は銀師《しろがねし》だが、他の職方も配下に置く総職人頭《かしら》とも呼ばれる地位にあり、のちにふれる〈新宿〉の鋳物師棟梁山田らも、その指揮下にあった。隣接して〈大工町〉が存在することは、北条時代、この一帯に須藤を筆頭とする職人らが集住していたことを想定させる。

船方村

本町／【交通】箱根登山・伊豆箱根バス停「幸町」下車

〈宮前町〉の南側の海浜近くに、漁師の集住する〈船方村〉があった。近世に〈千度小路〉と呼ばれた区域である。「千度」は「船頭」の転訛と見て誤りない。

北条時代の相模湾からは鯛・鰹・鯵・鰯・いなだ・鮑《あわび》などの漁獲があった。永禄元年（一五五八）四月、古河公方足利義氏が小田原の氏康館を訪問したさいのもてなしのメニューに見える鯨・鯖・鱧《はも》・蛸・烏賊・

海鼠《なまこ》・栄螺《さざえ》・海老などの食材にも〈船方村〉で水揚げされたものがあったろうか。そこには「蒲鉾《かまぼこ》」（「鶴岡八幡宮社参記」）も添えられていた。

鮮魚の貯蔵、内陸への供給などのための干物・塩物などの生産も行なわれていたであろう。また小田原の海岸は遠浅で大型船の着岸ができず、浜から沖合に小舟を出して船載品を搬送した。これも〈船方村〉の住民により行なわれたにちがいない。水軍の水主《かこ》としての活躍も想定される。立地的に〈宮前町〉と一体であり、小田原宿の発展には、〈船方村〉における漁業・水産加工業・海運業などの振興が大きく貢献したようだ。

かまぼこ通り

近世には浦番所《うらばんしょ》・浦高札場《うらこうさつば》が置かれていた。漁師まちの風情を残す路地は、小田原を代表する歴史的景観の一つともいえる。現在は「かまぼこ通り」の名で親しまれており、名産品として知られる蒲鉾のほか、鰹節・干物などの伝統的な水産加工品を製造・販売する事業者が多い。

新宿

浜町／【交通】神奈川中央交通・箱根登山バス停「新宿」下車

〈宮前町〉〈船方村〉の東方の旧東海道沿い、〈総構〉の南東端に位置する山王口の西側に〈新宿〉があった。その存在が確認されるのは永禄一二年（一五六九）であり、呼称から推しても、〈今宿〉より、さらに新しい町場であったと考えられる。

近世に入ると、稲葉氏により東海道がやや北寄りのルートに切り替えられ、これに沿って新たな〈新宿〉が整備されて、北条時代の〈新宿〉は〈古新宿〉と名を変えた。

ちなみに新宿交差点から西に向かう国道一号は、同じ頃東海道と分岐して三の丸外郭の〈大手門〉に通じる将軍専用の登城ルートとして整備された〈御成道《おなりみち》〉に当たる。

北条時代の〈新宿〉のうち、近世に〈鍋町〉と呼ばれた一画には、鋳物師山田二郎左衛門が工房を構え、鍋・釜・火鉢などの日用品の生産と販売に従事したほか、北条氏の所用に応じ「大筒」などの兵器生産にも当たっていた。天正一四年（一五八六）七月、氏直から鋳物師の棟梁に任じられた山田の販路は、北条領国の全域におよんでいたと見られている。

天文五年（一五三六）に河内より来住と伝えるが定かでなく、相模荻野（神奈川県厚木市）の出身ともいう。城から遠く海浜に近い〈新宿〉への居住は、火災の発生を意識してのものとされる。小田原鋳物師としては、他に長谷川・半田が知られており、同様に〈新宿〉を拠点としていた可能性が高い。

北条氏から神事や来客のさいに舞を奉納・披露し、もてなす役などを命じられていた舞々《まいまい》天十郎も〈新宿〉に居住していたとされる。人口増加などによる都市化にともなって、小田原には多くの俗法師や占師らが流入していた。そのため北条氏は、弘治元年（一五五五）以降、その監視・統括を天十郎に命じている。

唐人町

浜町／【交通】神奈川中央交通・箱根登山バス停「唐人町」下車

国道一号の新宿交差点と〈大手門〉との中間付近に位置する。片側二車線の国道沿いに、残念ながらかつての面影はない。

「北条記」によれば、永禄九年（一五六六）の春、相模三崎（神奈川県三浦市）に寄港した中国商船の乗組員が、ここに町屋を下され居住したのに始まるという。

それから四〇年後の万暦三五年（慶長一二年・一六〇七）五月、江戸に向かう途中、小田原城下の大蓮寺に投宿していた朝鮮通信使の副使、慶七松は、現地の唐人から「私の名は葉七官、福建省の出身である。嘉靖年間

（大永二〜永禄一〇年・一五二二〜一五六七）、五〇人ほど（の中国人）がここ（小田原）に漂着し、三〇人ほどはすぐに帰国したが、自分の縁者一〇人ほどは、ここ（大蓮寺）から五里ほど離れたところに居を定めた」「人々はそこを唐人村と呼ぶ」（「慶七松海槎録《かいさろく》」）、という話を聞いたと記録している。

小田原に漂着とあり、「北条記」の記載とは別の出来事を伝えたもののようであるが、「五里」を朝鮮の里程と仮定すると二キロほど、大蓮寺と〈唐人町〉との間は一・五キロほどであるから、距離の面では、「唐人村」と〈唐人町〉を同一と見るのも必ずしも無理ではないであろう。

様変わりした唐人町

小田原城下からは、北条時代の遺物として中国製の陶磁器類が出土している。また天文一八年（一五四九）七月、氏康は伊豆御蔵《みくら》島《じま》に漂着した薩摩船に舶載されていた「唐物」（浄法寺文書）などを領内の寺社に配分しており、氏政も天正五年ないしは六年（一五七七・八）の九月、舶来の青磁皿などを家臣らに分配していた。「北条五代記」も、天正四年「三官」という「唐人」が氏政から虎印判状を下されて中国に渡り、これをうけてか同六年、三崎に「黒船」が来航したことなどを伝えている。直接あるいは間接に、当時の小田原と中国とが交易で結ばれていたことはまちがいない。

【参考文献】（副題は省略）

相田二郎『小田原合戦』（復刻版、小田原文庫1）名著出版、一九七六年
朝倉直美・黒田基樹編『北条氏康の子供たち』宮帯出版社、二〇一五年
有光友學『今川義元』（人物叢書254）吉川弘文館、二〇〇八年
粟野俊之『織豊政権と東国大名』吉川弘文館、二〇〇一年
池享『東国の戦国争乱と織豊権力』（動乱の戦国史7）吉川弘文館、二〇一二年
池上裕子『北条早雲』（日本史リブレット人042）山川出版社、二〇一七年
今谷明『武家と天皇』（岩波新書286）岩波書店、一九九三年
岩崎宗純『中世の箱根山』（箱根叢書28）神奈川新聞社、一九九八年
大野太平『房総里見氏の研究』（復刻版）千葉県郷土資料刊行会、一九七二年
奥野高広『武田信玄』（人物叢書19）吉川弘文館、一九五九年
小和田哲男監修『奔る雲のごとく』北条早雲フォーラム実行委員会、二〇〇〇年
勝守すみ『長尾氏の研究』（関東武士研究叢書6）名著出版、一九七八年
北島正元『徳川家康』（中公新書17）中央公論社、一九六三年
久保健一郎『中近世移行期の公儀と武家権力』（同成社中世史選書23）同成社、二〇一七年
黒田基樹『戦国大名北条氏の領国支配』（戦国史研究叢書1）岩田書院、一九九五年
同　『扇谷上杉氏と太田道灌』（地域の中世1）岩田書院、二〇〇四年
同　『戦国の房総と北条氏』（地域の中世4）岩田書院、二〇〇八年
同　『戦国関東の覇権戦争』（歴史新書y017）洋泉社、二〇一一年
同　『戦国期山内上杉氏の研究』（中世史研究叢書24）岩田書院、二〇一三年

同　　　『戦国大名』（平凡社新書713）平凡社、二〇一四年
同　　　『北条氏政』（ミネルヴァ日本評伝選）ミネルヴァ書房、二〇一八年
小林清治『伊達政宗』（人物叢書28）吉川弘文館、一九五九年
齋藤慎一『中世東国の領域と城館』吉川弘文館、二〇〇二年
同　　　『戦国時代の終焉』（中公新書1809）中央公論新社、二〇〇五年
佐々木銀弥『中世の商業』（日本歴史新書増補版）至文堂、一九六六年
佐藤進一『花押を読む』（平凡社選書124）平凡社、一九八八年
佐藤博信『古河公方足利氏の研究』（歴史科学叢書）校倉書房、一九八九年
佐脇栄智『後北条氏の基礎研究』吉川弘文館、一九七六年
同　　　『後北条氏と領国経営』吉川弘文館、一九九七年
佐脇栄智編『後北条氏の研究』（戦国大名論集8）吉川弘文館、一九八三年
柴辻俊六『信玄の戦略』（中公新書1872）中央公論新社、二〇〇六年
杉山博『戦国大名後北条氏の研究』名著出版、一九八二年
中田正光『最後の戦国合戦「小田原の陣」』（歴史新書y058）洋泉社、二〇一六年
中村吉治『近世初期農政史研究』（第二刷）岩波書店、一九七〇年
藤木久志『豊臣平和令と戦国社会』東京大学出版会、一九八五年
同　　　『雑兵たちの戦場』朝日新聞社、一九九五年
牧野純一『後北条氏民政史論』（復刻版）文献出版、一九七七年
森幸夫『小田原北条氏権力の諸相』（日本史史料研究会研究叢書5）日本史史料研究会、二〇一二年
山田邦明『戦国のコミュニケーション』吉川弘文館、二〇〇二年

〔史料集等〕

甲斐志料集成刊行会編『甲斐志料集成』四、歴史篇㈠（復刻版）歴史図書社、一九八一年
久保田昌希他編『戦国遺文　今川氏編』一～五、東京堂出版、二〇一〇～一五年
黒田基樹他編『戦国遺文　房総編』一～四・補遺、東京堂出版、二〇一〇～一六年
小林計一郎校註『真田史料集』（第二期戦国史料叢書2）人物往来社、一九六六年
佐藤博信編『戦国遺文　古河公方編』東京堂出版、二〇〇六年
信濃史料刊行会編『信濃史料』一二～一七（訂正重刊）、信濃史料刊行会、一九六八～六九年
柴辻俊六他編『戦国遺文　武田氏編』一～六、東京堂出版、二〇〇二～〇六年
杉山博他編『戦国遺文　後北条氏編』一～六・補遺・別巻、東京堂出版、一九八九～二〇〇〇年

略年表

＊年齢は数え年。二代氏綱以降は家督継承後の事績等を記載

和暦	西暦	年齢	事跡
文明一五	一四八三	宗瑞28	一〇月：将軍足利義尚の申次に加えられる。
文明一八	一四八六	宗瑞31	一一月：京都より駿河に下り、小鹿範満を討って今川家家督に甥に当たる氏親を据える。
明応　二	一四九三	宗瑞38	この年：伊豆に侵攻し、堀越公方足利茶々丸を攻めて敗走させる。その後韮山城に入る。
明応　七	一四九八	宗瑞43	八月：伊豆深根城を落とし伊豆を平定する。足利茶々丸は自害。
文亀　元	一五〇一	宗瑞46	三月：相模上千葉を伊豆山に寄進する（これ以前に小田原城を入手）。
永正　九	一五一二	宗瑞57	八月：三浦道寸の拠る相模岡崎城を落とし、鎌倉に入る。
永正一三	一五一六	宗瑞61	七月：相模新井城に三浦道寸・義意父子を討ち、相模を平定する。
永正一四	一五一七	宗瑞62	七月頃：小弓公方足利義明を支持する立場にたつ。
永正一五	一五一八	宗瑞63・氏綱32	九月頃：氏綱が家督を継承し、小田原城が本拠と位置づけられる。
永正一六	一五一九	宗瑞64・氏綱33	八月：宗瑞死去。
大永　三	一五二三	氏綱37	六～九月：「伊勢」から「北条」に改称する。
大永　四	一五二四	氏綱38	正月：扇谷上杉朝興の拠点、武蔵江戸城を攻略する。
天文　元	一五三二	氏綱46	五月：鶴岡八幡宮の造営に着手する。

和暦	西暦	年齢	事跡
天文 六	一五三七	氏綱51	二月：駿河河東に侵攻する。六月：武蔵河越城を攻略する。
天文 七	一五三八	氏綱52	一〇月：下総相模台で足利義明を討つ（第一次国府台合戦）。次いで古河公方足利晴氏から関東管領の内命を受ける。
天文一〇	一五四一	氏綱55・氏康27	七月：氏綱死去。氏康が継ぐ。
天文一三	一五四四	氏康30	正月：武田信玄と盟約する。
天文一五	一五四六	氏康32	四月：武蔵河越城で山内上杉憲政らを破る（河越合戦）。
天文二一	一五五二	氏康38	三月：上野平井城を攻略する。一二月：甥の足利義氏を古河公方に据える。
天文二三	一五五四	氏康40	七月：今川義元と盟約し、甲相駿三国同盟が成る。
永禄 三	一五六〇	氏康46・氏政22	初頭：氏康が退隠し、氏政が家督を継ぐ。
永禄 四	一五六一	氏康47・氏政23	三月：上杉謙信が小田原城を包囲する。
永禄 七	一五六四	氏康50・氏政26	正月：下総国府台で上杉謙信と結ぶ里見義堯を破る（第二次国府台合戦）。
永禄 九	一五六六	氏康52・氏政28	初頭：氏康が出馬を停止する。
永禄一二	一五六九	氏康55・氏政31	五月：武田信玄と断ち、上杉謙信と盟約する。一〇月：信玄が小田原城を包囲する。

元亀　二	一五七一	氏康57・氏政33	一〇月：氏康死去。一二月：氏政が信玄との盟約を復活させる。
天正　七	一五七九	氏政41	九月：武田勝頼と断ち、徳川家康と結ぶ。
天正　八	一五八〇	氏政42・氏直19	三月：織田信長に属す。八月：氏政が退隠し氏直が家督を継ぐ。
天正一〇	一五八二	氏政44・氏直21	三月：織田信長の武田攻めに加わる。六月：信長の旧領上野・信濃・甲斐に侵攻する。一〇月：徳川家康と講和し、上野を確保する。
天正一二	一五八四	氏政46・氏直23	四〜七月：豊臣秀吉と結ぶ佐竹義昭らと、下野沼尻などで対陣する（沼尻合戦）。
天正一三	一五八五	氏政47・氏直24	閏八月：徳川家康と連携し、上野沼田城に真田昌幸を攻める。
天正一四	一五八六	氏政48・氏直25	三月：氏政が伊豆三島で徳川家康と会談する。一〇月：家康が豊臣秀吉に臣従する。一一月：秀吉が関東「惣無事」を徳川家康に委ねる。一二月：秀吉の関東出陣の報が伝わり、臨戦体制をとる。
天正一六	一五八八	氏政50・氏直27	八月：氏規が上洛し、聚楽第で豊臣秀吉に臣従の意を示す。
天正一七	一五八九	氏政51・氏直28	二月：板部岡融成が上洛し、秀吉に沼田領問題の経緯を説明する。六月：氏直が氏政の上洛を約する。七月：沼田領の三分二が北条氏に引き渡される。一一月：北条軍が名胡桃城に入る。秀吉が氏直討伐の意向を表明する。
天正一八	一五九〇	氏政52・氏直29	四月：豊臣軍が小田原城を包囲する。七月：氏直が秀吉に投降し、小田原は開城する。氏政は切腹し、氏直は高野山へ追放となる。

著者略歴

一九五九年　神奈川県秦野市に生まれる
一九八五年　中央大学大学院文学研究科国史学専攻前期課程修了
一九八八～二〇〇七年　小田原市史編纂及び同関連事業に従事
現在　小田原市学芸員（都市部管理監）

〔主要著書〕
『北条氏康と東国の戦国世界』（小田原ライブラリー13、夢工房、二〇〇四年）
『戦国大名北条氏文書の研究』（戦国史研究叢書4、岩田書院、二〇〇七年）

人をあるく
北条氏五代と小田原城

二〇一八年（平成三十）八月十日　第一刷発行
二〇一九年（平成三十一）四月一日　第二刷発行

著者　山《やま》口《ぐち》博《ひろし》
発行者　吉川道郎
発行所　株式会社 吉川弘文館
郵便番号一一三―〇〇三三
東京都文京区本郷七丁目二番八号
電話〇三―三八一三―九一五一〈代表〉
振替口座〇〇一〇〇―五―二四四
組版・印刷　藤原印刷株式会社
製本　ナショナル製本協同組合
装幀　有限会社ハッシィ

ISBN978-4-642-06796-6